आहुति

आहुति

संपादक

संजू सदानंदन

निरुपक बी

~*~

मार्गदर्शन

डॉ. रसिता आनंद • जयशंकर पाणिकर • बीनू पद्मम • नितिन सुरेंद्रन • जिनोय के.जे. • सुदीश राजशेखरन • रथीश के.के. • बिजु पद्मम • ए. करुणाकरण • सुनीलकुमार टी.पी.

www.prabhatbooks.com

प्रकाशक

प्रभात पेपरबैक्स

4/19 आसफ अली रोड, नई दिल्ली–110002

फोन : 23289555 • 23289666 • 23289777 ❖ फैक्स : 23253233

इ–मेल : prabhatbooks@gmail.com ❖ वेब ठिकाना : www.prabhatbooks.com

संस्करण

प्रथम, 2017

अनुवाद

श्री ए.के. रॉय

मूल्य

एक सौ पच्चीस रुपए

अ.मा.पु.स. 978-93-5266-078-0

मुद्रक

आर–टेक ऑफसेट प्रिंटर्स, दिल्ली

———— ★ ————

AAHUTI

Ed. Sanju Sadanandan & Nirupaka B

Published by **PRABHAT PAPERBACKS**

4/19 Asaf Ali Road, New Delhi-110002

ISBN 978-93-5266-078-0

₹ 125.00

भारत माता के
वीर पुत्रों के लिए
जिन्होंने राष्ट्रवाद के संरक्षण के लिए
अपना जीवन समर्पित कर दिया।

अमित शाह
अध्यक्ष
Amit Shah
President

भारतीय जनता पार्टी
Bharatiya Janata Party

संदेश

केरल में कई दशकों से संघ और भाजपा कार्यकर्ता बलिदान देकर देश और अपनी विचारधारा के लिए कुरबानी दे रहे हैं। आहुति उन सभी हुतात्माओं को विनम्र श्रद्धांजलि है।

केरल में जिस प्रकार की हिंसा की राजनीति चल रही है, उससे पूरा देश स्तब्ध है। स्वतंत्रता के पश्चात् हमने लोकतंत्र अपनाया और लोकतंत्र में सत्ता प्राप्ति के लिए हिंसा का रास्ता चुनना हमने कभी स्वीकार नहीं किया। जिस प्रकार से राजनीति में हिंसा के माध्यम से सत्ता प्राप्ति तथा सत्ता में रहने का षड्यंत्र केरल में चल रह है, वह किसी भी परिस्थिति में असहनीय है। इस प्रकार की राजनीति लोकतंत्र तथा देश एवं समाज के लिए घातक है।

केरल में विधानसभा चुनाव के बाद भाजपा कार्यकर्ताओं पर जिस प्रकार के हमले हुए, उसे किसी भी रूप में सहन नहीं किया जा सकता। इस प्रकार की घटनाएँ अकेली नहीं, बल्कि इन घटनाओं की एक बड़ी श्रृंखला है, जिसमें षड्यंत्रपूर्वक बड़ी निर्दयता से हत्याएँ की गई हैं। माक्सवादी कम्युनिस्ट विचार वाले दल निरंतर अपने वर्चस्व के समक्ष उत्पन्न चुनौतियों का जवाब हिंसा से देते हैं। ऐसा इतिहास रहा है कि जब वैचारिक संघर्ष में हार होने लगती है तो मार्क्सवादी दल हिंसा का सहारा लेने लगते हैं। पश्चिम बंगाल में भी यही हुआ था। जिस प्रकार की चुनौती भाजपा के समर्पित कार्यकर्ता केरल में दे

रहे है, उसका जवाब कम्युनिस्ट दल हिंसा से देना चाहते हैं। यह कम्युनिस्ट दलों की वैचारिक एवं राजनैतिक हार है। हमारे निष्ठावान कार्यकर्ताओं के बलिदान से केरल में भी परिवर्तन का दौर आरंभ हो चुका है। मैं ऐसे सभी बलिदानियों को नमन करता हूँ और हर कार्यकर्ता का अभिनंदन करता हूँ।

केरल की हिंसक राजनीति का पूरा चित्र अब भी देश के सामने नहीं आ पाया है। एक-दो वीभत्स घटनाएँ, जो राष्ट्रीय मीडिया में चर्चित हुईं, उनके अलावा अन्य कई घटनाओं से पूरा देश अनभिज्ञ है। ऐसी आशा है कि यह पुस्तिका उस कमी को पूरा करेगी और इसके माध्यम से पूरा देश इन भयानक घटनाओं को जान पाएगा। 'आहुति' सही मायने में हमारे राष्ट्रवादी कार्यकर्ताओं को देश सेवा में अपने प्राणों की आहुति देनेवालों की एक गाथा है। यह पुस्तिका उनकी शौर्यपूर्ण स्मृतियों को एक विनम्र श्रद्धांजलि है।

भवदीय

(अमित शाह)

11, अशोक रोड, नई दिल्ली-110001, दूरभाष : 23005700 फैक्स : 23005787

11, Ashok Road, New Delhi-110001, Phone : 23005700, Fax : 23005787
e-mail : amitshah.bjp@gmail.com

Kummanam Rajasekharan
State President

भारतीय जनता पार्टी
Bharatiya Janatha Party
Kerala State Office

संदेश

इस वर्ष मई की शुरुआत में कम्युनिस्टों ने केरल में विकास कार्ड खेलकर सत्ता पर कब्जा जमा लिया। भ्रष्टाचार और घोटालों में आकंठ डूबी कांग्रेस के पतन ने उनकी राह आसान बना दी। भले ही हमें एक ही सीट मिली, लेकिन बीजेपी ने राज्य में अपनी ताकत का प्रदर्शन किया तथा हमारे वोट शेयर में अच्छी-खासी बढ़ोतरी हुई है।

यह सब जानते हैं कि कम्युनिस्टों ने कभी किसी लोकतांत्रिक विपक्ष को बरदाश्त नहीं किया है। वे सिर्फ हिंसा की भाषा जानते हैं और जब सत्ता में आ जाते हैं तो उसका इस्तेमाल कुछ ज्यादा ही करते हैं। सत्ता में कम्युनिस्टों की वापसी से, उनकी सरपरस्ती में राजनीतिक हिंसा की गाथा पूरे जोर-शोर से शुरू हो गई है। चुनाव परिणामों की घोषणा के ही दिन जश्न के नाम पर उन्होंने बड़े पैमाने पर ठगी और लूट-खसोट को अंजाम दिया। इसका नतीजा एक युवा और प्रतिभावान नवयुवक प्रमोद की जिंदगी खत्म कर दिए जाने के तौर पर सामने आया, जो यू.ए.ई. से बीजेपी के प्रचार में हाथ बँटाने आया था। इसके अलावा निजी और सार्वजनिक संपत्ति को भी बेहिसाब नुकसान पहुँचाया गया। पहले ही दिन से विपक्ष के लिए उनका संदेश एकदम स्पष्ट था, यानी वे हिंसा जारी रखेंगे। और आज तक उनके अत्याचार बेखौफ तथा बिना पछतावे के जारी हैं।

इस मौजूदा हालात में हमारे सामने अनेक चुनौतियाँ हैं। हमारे अधिकांश कार्यकर्ता सामान्य पृष्ठभूमि के हैं। और वे इन व्यापक हमलों का शिकार आसानी से बना लिये जाते हैं। हत्या के मामले में राज्य सरकार कोई मुआवजा नहीं देती है और वह परिवार बेसहारा हो जाता है। यदि अंग भंग हुआ, तो इलाज का खर्च इतना अधिक होता है कि वे उसे वहन कर पाने की स्थिति में ही नहीं रहते।

ऐसी ही समस्या तब खड़ी होती है, जब किसी को हत्या या हत्या के प्रयास के मामले में कानूनी शिकायत दर्ज करने की नौबत आती है। लंबी-चौड़ी कानून लड़ाई लड़ने की जिम्मेदारी व्यक्तियों, परिवारों और हमारे संगठन पर भी आती है। आर्थिक तौर पर जूझने के साथ ही, इस पार्टी के साथ जुड़ने के कारण हमारे कार्यकर्ताओं का सामाजिक बहिष्कार किया जाता है।

हमारे लोगों के मौलिक अधिकारों और अभिव्यक्ति की स्वतंत्रता का हनन किया जाता है। वास्तव में यहाँ की स्थिति इतनी दयनीय है कि गाँवों में जहाँ कम्युनिस्टों का वर्चस्व है, वहाँ हमारे कार्यकर्ताओं को हताशा के गर्त में धकेल दिया जाता है। ये कम्युनिस्ट जो खुद को बोलने की आजादी के मसीहा के रूप में पेश करते हैं, वे अपने खिलाफ आलोचना का एक शब्द बरदाश्त नहीं कर पाते हैं।

इस संदर्भ में, मैं एक पल के लिए भी अपने कार्यकर्ताओं के बलिदानों को भूल नहीं सकता हूँ, जिन्होंने हमारे संगठन के आदर्शों के लिए संघर्ष किया। साथ ही मैं इस पहल के लिए आभारी हूँ। यह एक उचित समय पर हो रहा है। यह कम्युनिस्टों की ओर से गई ज्यादतियों का एक सार्वजनिक रिकॉर्ड होगा, जो अपनी राजनीतिक शक्ति का प्रदर्शन करते हैं और किसी भी प्रकार के विरोध को कुचल देते हैं। यह इन बातों को सही परिप्रेक्ष्य में रखने तथा भविष्य की दिशा तय करने में सहायता देगा।

मैं पूरी विनम्रता के साथ अपनी पार्टी के नेताओं और सारे कार्यकर्ताओं से सहायता की अपील करता हूँ कि वे हिंसा के इस राजनीतिक संस्थानीकरण को हमारे देश के सामने लाएँ और इस असहनशील ब्रिगेड को बेनकाब करें। हमारी आवाज कोने-कोने तक पहुँचनी चाहिए।

(कुम्मनम राजशेखरन)

Maraji Smruthi Mandiram, K.G. Marar Roda, Thycaud
P.O. Thiruvananthapuram-695014, Kerala Ph. 0471-2333390, 2337711, 2337713
Fax : 2337715 Email : kummanamrajasekharan@gmail.com

कन्नूर हिंसा पर जारी पद्मश्री पी. परमेश्वरन का वक्तव्य

—31 मार्च, 2008

केरल का कन्नूर जिला पूरे देश में हिंसा की नीतियों के कारण कुख्यात हो गया है, जो पिछले चार दशकों से चली आ रही है, और आज भी जारी है। सुनने में यह अजीब लग सकता है कि अपनी लगभग शत-प्रतिशत साक्षरता के लिए विख्यात राज्य में ऐसे कई बड़े इलाके हैं, जहाँ लोग राजनीतिक, विचारधारा के मतभेदों के आधार पर नृशंस हत्याओं व आगजनी पर उतर आते हैं और यह सब इतने दिनों से बिना रुके चला आ रहा है।

स्वाभाविक तौर पर सही सोच रखने वाले देश भर के लोग घटनाओं के इस प्रकार के असभ्य और अमानवीय मोड़ लेने पर चिंतित हैं।

बार-बार सामने आनेवाली इन समस्याओं का स्थायी हल निकालने के लिए इस मामले को सही परिप्रेक्ष्य में देखना जरूरी है। इसका एक लंबा इतिहास है, जिसके बारे में आम लोगों, और केरल के बाहर के लोगों को तो और भी कम जानकारी है। संघ परिवार के खिलाफ घोर नफरत कम्युनिस्ट-मार्क्सवादी दिमाग में गहराई तक बैठी है। पहली बार यह 1948 के जनवरी में तिरुवनंतपुरम में खुलकर सामने आई थी, जब कम्युनिस्ट प्रेरित छात्रों की ओर से आयोजित एक विरोध जुलूस आर.एस.एस. की रैली पर टूट पड़ा, जिसे गुरु

गोलवलकरजी संबोधित कर रहे थे। ऐसा करने के लिए किसी तरह का कोई उकसावा नहीं था। एक बार फिर वर्ष 1949 में भी दो संगठित हमले किए गए, एक कोड़ीकोड़ में और दूसरा अलेप्पी में, जहाँ श्रीगुरुजी संघ स्वयंसेवकों की एक सभा को संबोधित कर रहे थे। उस समय आर.एस.एस. केरल में कोई बहुत बड़ी ताकत नहीं था। ये हमले पूर्व-नियोजित और महज असहिष्णुता से प्रेरित एवं पूरी तरह से इकतरफा थे।

संघ का जैसे-जैसे विस्तार हुआ और वह लोकप्रिय होता चला गया, कम्युनिस्ट पार्टी और उसके मीडिया ने भयंकर दुष्प्रचार करना शुरू कर दिया। 1950 के दशक में आर.एस.एस. का काम केरल के उत्तरी हिस्से, विशेष रूप से कन्नूर जिले तक फैला। कम्युनिस्ट पार्टी ने कन्नूर को पहले ही अपना गढ़ बना लिया था। कन्नूर में प्रचार के लिए जाने वाले आर.एस.एस. प्रचारकों को न केवल धमकी दी गई बल्कि उनका सामाजिक बहिष्कार भी किया गया, जिसमें रहने और खाने-पीने की सुविधा भी शामिल थी। उन्हें रेलवे स्टेशनों जैसी जगहों पर सिर छुपाना पड़ता था। इन सारी बातों के बावजूद जब संघ के काम का विस्तार हुआ, तो उन पर हमले शुरू हो गए। आज भी ऐसे हमले कभी तेजी से तो कभी बीच-बीच में होते रहते हैं।

इमरजेंसी के दौरान आर.एस.एस. और कम्युनिस्ट पार्टी के लिए अघोषित युद्धविराम था, क्योंकि दोनों ही यातना के शिकार थे। असल में दोनों ने ही अलग-अलग कोठरियों में जेल की सजा साथ-साथ काटी। इसका नतीजा यह हुआ कि जब इमरजेंसी हटाई गई और चुनाव हुए, तो दोनों ने ही लगभग साथ मिलकर काम किया और कांग्रेस को हराया। लेकिन यह सब कुछ दिनों तक ही चला। इमरजेंसी के खिलाफ ईमानदारी से संघर्ष करने वाले आर.एस.एस. को भारी जन-समर्थन मिला था, जो वोटिंग के तरीके से भी साफ हो गया। यह स्पष्ट था कि संघ ने मार्क्सवादियों के गढ़ कन्नूर जिले में अपनी जगह बना ली थी। इससे मार्क्सवादी बौखला गए। इसके बाद उन्होंने दुश्मनी निकालने के लिए हर तरह का हथकंडा अपनाया, जिसमें संघ और बीजेपी के कार्यकर्ताओं को मौत के घाट उतारना भी शामिल था। 1980 के दशक में संघ विरोधी हत्या की राजनीति में उफान देखा गया, जिसमें दर्जनों कार्यकर्ताओं की जान चली गई।

इन घटनाओं के बाद हंगामा मच गया और एम.एस. नंबूदिरीपाद, ई.के. नयनार, बी.एम.एस. नेता डी.पी. ठेंगड़ी और सीटू नेता आर. राममूर्ति ने हालात को बेहतर बनाने के लिए दखल दिया। कोच्चि में कुछ नेताओं की बैठक हुई, जिसमें एक समझौते का मसौदा तैयार किया गया। लेकिन सी.पी.आई. (एम) का राज्य स्तरीय नेतृत्व इसे आगे बढ़ाने से मुकर गया।

हत्या की इस राजनीति का एक विचित्र और उल्लेखनीय पहलू यह है कि सी.पी.आई. (एम) ने अपना विरोध केवल संघ और बीजेपी तक ही सीमित नहीं रखा। उनके निशाने पर अन्य सारे राजनीतिक दल भी थे। यह सरासर असहिष्णुता थी, जिसे लोकतांत्रिक व्यवस्था के अनुकूल नहीं और इसे बरदाश्त नहीं किया जा सकता। सबसे बड़ा सच यह है कि सी.पी.आई. (एम) पूरे कन्नूर जिले को सिर्फ अपना इलाका मानता है और उस जिले में सत्ता पर उनका ही एकाधिकार है। कोई भी पार्टी बेरोकटोक न तो वहाँ काम कर सकती है, न ही संविधान से मिले अपने मौलिक अधिकारों का इस्तेमाल कर सकती है। अगर किसी ने उनके इस अंधा कानून को तोड़ा तो इसका नतीजा उसे भुगतना होगा।

संघ परिवार पर खुलकर हमला बोलने के पीछे सी.पी.आई. (एम) की एक और सूक्ष्म मनोवैज्ञानिक वजह है। यह केरल के बुरी तरह से सांप्रदायिक हो चुके माहौल में अल्पसंख्यकों को भारी समर्थन को हासिल करने की भी रणनीति है। वे खुलकर दावा करते हैं कि अल्पसंख्यकों का मुक्त रूप से सर्वनाश करने से केवल वही आर.एस.एस. को रोक सकते हैं। वे दावा करते हैं कि सी.पी.आई. (एम) ही है, जो हिंदू कट्टरपंथियों से उन्हें सुरक्षा देती है।

यह एक सर्वविदित तथ्य है, जिसे सी.पी.आई. (एम) के सिवाय सभी खुलकर स्वीकार करते हैं कि कन्नूर जिले में कई पंचायत और सैकड़ों पोलिंग बूथ हैं, जहाँ मुक्त लोकतांत्रिक चुनावों के मौलिक अधिकारों को इतने वर्षों तक कभी इस्तेमाल नहीं करने दिया गया। इसका कारण यह है कि मार्क्सवादी पार्टी उन पर कब्जा जमा लेती है, यह तय करती है कि कौन मत डालेगा और कौन नहीं। इसने कन्नूर जिले के बहुत बड़े इलाके में अन्य सभी दलों के कार्यकर्ताओं तथा मतदाताओं के मन में भय और असुरक्षा की भावना पैदा कर दी है। यह सी.पी.आई. (एम) नियंत्रित लोकतंत्र और सी.पी.आई. (एम) की ओर से मैनेज

चुनाव का मामला बन गया है। अंदरखाने ही असंतोष बढ़ता जा रहा है, जिसे अब तक कोई भी सरकार दूर नहीं कर सकी है।

हाल में हुई हत्याओं के सिलसिले को अत्याचार, असहिष्णुता और मार-काट के लंबे इतिहास की रोशनी में देखा जाना चाहिए। जब तक इस सच को समझा नहीं जाएगा और अन्याय का हिसाब-किताब पूरी तरह नहीं होगा, मताधिकार का खुलकर इस्तेमाल नहीं करने दिया जाएगा, तब तक कोई शांतिपूर्ण और स्थायी समाधान नहीं हो सकता है। टुकड़ों में और अधूरे मन से किया गया कोई भी प्रयास इस मुद्दे का हल हमेशा-हमेशा के लिए नहीं निकाल सकता है।

ऐसा लगता है कि तीन सूत्री एजेंडा होना चाहिए, जिसे सभी संबंधित दलों, विशेष रूप से सी.पी.एम. को समझना और स्वीकार करना होगा :

1. सी.पी.आई. (एम) को विशेष राजनीतिक क्षेत्र (एस.पी.जेड.) के सिद्धांत को छोड़ना होगा, जिसे उसने कन्नूर जिले पर थोपने की कोशिश की है।
2. सी.पी.आई. (एम) को स्वीकार करना होगा कि संघ का आंदोलन जिस प्रकार भारतीय गणतंत्र के किसी भी दूसरे हिस्से में चल रहा है, उसी तरह कन्नूर जिले की भी सच्चाई है। यह कड़वा सच है, जिसे मिटा डालने के तौर-तरीकों से न तो भुलाया जा सकता है, न ही रोका जा सकता है। शाखा इसके अभिन्न अंग हैं।
3. उन्हें इस दूषित सोच को छोड़ना होगा कि हत्या की राजनीति के साथ ही आर.एस.एस. को यातना देना चुनावी राजनीति में अल्पसंख्यकों को उनके पाले में बनाए रखने की एक सफल रणनीति होगी। अल्पसंख्यक भी इतने समझदार हैं कि वे ऐसे किसी जाल में नहीं फँसेंगे। न ही सरकारी मशीनरी का दुरुपयोग कर ऐसा करना सही या लंबे समय तक संभव है।

—पी. परमेश्वरम

(वरिष्ठ संघ प्रचारक,
भारतीय विचार केंद्र के निदेशक, विवेकानंद केंद्र के अध्यक्ष)

प्रस्तावना

इतिहास ने जो सबक सिखाया है, उससे यही पता चलता है कि साम्यवाद से ज्यादा खून-खराबा किसी भी अन्य विचारधारा ने नहीं किया है और जिसने हत्याओं के मामले में अन्य सभी फासीवादी विचारधाराओं को पीछे छोड़ दिया है। दुनिया भर में यह हिंसा, क्रूरता और अधिनायकवाद का दूसरा नाम बन गया है। इसमें आश्चर्य नहीं कि जहाँ कम्युनिस्टों की ओर से स्वयंसेवकों को लगातार निशाना बनाया गया और उनकी हत्या कर दी गई, सी.पी.आई. (एम) का वह कन्नूर मॉडल भी स्टालिन के सोवियत संघ या माओवादी चीन का स्वाभाविक परिणाम है, जहाँ असहमति के स्वर और विरोध को पार्टी और सरकार क्रूरता से कुचल दिया करती थी। संयोग से कन्नूर मॉडल (किसी भी असहमत स्वर को प्रभावी ढंग से खामोश करना और उस क्षेत्र में कम्युनिस्टों की राजनीतिक ताकत को दिखाना) सी.पी.आई. (एम) की मंडलियों के बीच हत्याओं का एक नमूना बन गया है। इस कारण कन्नूर तथा अन्य कम्युनिस्ट गढ़ों में बने हालात स्थानीय स्तर पर पैदा नहीं हुए हैं।

केरल और विशेष रूप से कन्नूर (जहाँ बहुत बड़ी संख्या में लोग मारे गए) में सी.पी.आई. (एम) का क्रूर और घिनौना खूनी खेल 1969 में एक दलित वडिक्कल रामकृष्णन की हत्या से शुरू हुआ। रामकृष्णन एक सक्रिय स्वयंसेवक थे, जो बड़ी संख्या में कम्युनिस्टों को राष्ट्रवादी धारा में लेकर आए थे। उसके बाद से ही केरल में लगभग 270 स्वयंसेवक और उनसे सहानुभूति

रखने वालों को मार डाला गया है। इनमें से 232 की हत्या सी.पी.आई. (एम) ने की, जबकि अधिकांश अन्य लोगों का कत्ल इसलामवादियों ने किया। घायलों की संख्या मारे गए लोगों के लगभग छह गुना से भी ज्यादा है। इसके बावजूद पुलिस के हाथों टॉर्चर और फर्जी केस दर्ज करना आम बात है, खास तौर पर उस दौरान, जब सी.पी.एम./एल.डी.एफ. सत्ता में रहती है।

कन्नूर में हमारे कार्यकर्ताओं पर हमलों का मुख्य कारण सी.पी.आई. (एम) के खेमे को छोड़ संघ का स्वयंसेवक बनना है। उत्तरी केरल, खास तौर पर कन्नूर में हमारे अधिकांश कार्यकर्ताओं का संबंध अतीत में कम्युनिस्ट पार्टी से रहा है और सी.पी.आई. (एम) के आतंक और प्रभुत्व के आगे झुकने से संघ का इनकार करना उनके लिए बरदाश्त से बाहर की बात है। हिंदू राष्ट्रवादियों को लगातार निशाना बना रहे इस लाल आतंक का एक और उद्‌देश्य अपना दबदबा कायम कर चुके इसलामवादियों के वोट को भी लुभाना है, जो सी.पी.एम. की ओर से सदा से ही अल्पसंख्यकों के तुष्टीकरण की नीति का हिस्सा रहा है। वे संघ पर अपने हमलों की शेखी सारी दुनिया के सामने बघारते हैं, जो वैसा ही है जैसे उनकी पार्टी कट्‌टरपंथियों के वोट हासिल करने के लिए बीफ फेस्टिवल का आयोजन करती है।

हिंसा फैलाने का सबसे बड़ा उद्‌देश्य आर.एस.एस. के कार्यकर्ताओं की संख्या बढ़ने से रोकना है। अन्य एकेश्वरवादी की तरह ही साम्यवाद में अपने धर्म को छोड़ना माफी के काबिल नहीं और उसकी सजा मौत ही है। सी.पी.एम. के सत्ता में आने के बाद केरल में अंधाधुंध हिंसा और हत्याएँ हुई हैं, मानो कन्नूर मॉडल को राज्य के अन्य हिस्सों में भी लागू किया जा रहा है। सी.पी.आई. (एम) राज्य सचिव कोडियेरी और कन्नूर जिला सचिव पी. जयराजन ने आर.एस.एस. तथा अन्य राष्ट्रवादी संगठनों के खिलाफ हिंसा का आह्वान खुलकर किया है। तिरुवनंतपुरम में बीजेपी राज्य समिति कार्यालय पर अपराधियों ने हमला बोला और फिर उस पर बम फेंके गए।

केरल में मीडिया (कुछ अपवादों के साथ) पर करीब-करीब वामपंथियों का नियंत्रण है या उनके स्टाफ में जाने हुए मार्क्सवादी हैं। सिविल सोसाइटी की समस्याओं को उठाने की उम्मीद जिन सांस्कृतिक नेताओं से की जाती है,

वे मार्क्सवादी हमलों से डरे हुए हैं। बिना किसी शर्म या पछतावे के वामपंथी बुद्धिजीवियों की जुबान सी.पी.एम. और उसकी हत्या की राजनीति के बचाव में चलती रहती है। ऐसा लगता है कि मुख्यधारा का राष्ट्रीय मीडिया स्वेच्छा से इस गंभीर परिस्थिति से अनजान बना हुआ है और अपनी सुविधा के लिए आँखें मूँद ली हैं। इस राज्य-प्रायोजित आतंकवाद के खिलाफ सिविक सोसाइटी को उठ खड़ा होना चाहिए। हमें उम्मीद है कि राजनीतिक हिंसा को दस्तावेजों का रूप देने और कम्युनिस्टों की ओर से किए गए अत्याचारों की जानकारी लोगों तक पहुँचाने के लिए देश भर में सेमिनार आयोजित किए जाने से पूरा देश यह जान पाएगा कि वास्तव में भारत का असहिष्णु ब्रिगेड कौन है।

—जे. नंद कुमार
संयोजक, प्रज्ञा प्रवाह

भूमिका

केरल अब राजनीतिक हत्याओं का पर्याय बन गया है। 'ईश्वर का अपना देश' नाम से विख्यात यह राज्य अधिकतम संख्या में राष्ट्रवादियों की शातिराना ढंग से किए गए कत्लेआम का गवाह बना है और यह सब महज उन लोगों को दबाने के लिए किया जा रहा है, जो विरोधी राजनीतिक विचारधारा का पालन करते हैं। केरल की राष्ट्रवादी शक्तियाँ हमेशा से ही कम्युनिस्टों या मार्क्सवादियों, इसलामी कट्टरपंथियों तथा ईसाई धर्मप्रचारकों के निशाने पर रही हैं। यही नहीं, अकसर उन सभी के बीच एक नापाक गठजोड़ भी रहता है। वास्तव में इन सब में से लेफ्ट (कम्युनिस्ट) द्वारा प्रायोजित हिंसा और क्रूरता केरल की संरचना में जड़ें जमा चुकी है। मारे गए लोगों के परिवारों की मुश्किलें इस बात से भी बढ़ जाती हैं कि परिजनों पर झूठे या बेबुनियाद आरोप लगाकर राजनीतिक गुंडों के द्वारा लगातार प्रताड़ित किया जाता है।

जैसा कि कहीं भी देखा जाता है, कम्युनिस्ट अपनी बदले की भावना को आगे बढ़ाते हुए न केवल बेलगाम हिंसा और खूनखराबे को अंजाम देते हैं, बल्कि जिसे उनकी 'विचारधारा' कहा जाता है, उससे समझौता करने में भी नहीं चूकते; जैसा कि सुब्रह्मण्यन् नाम के 16 साल के नवयुवक की हत्या के मामले में देखा जा सकता है। यह मौत 18 मार्च, 1965 में मलप्पुरम के तानूर में हुई थी, जहाँ मुसलिम लीग ने विधानसभा का चुनाव जीता था। अपनी जीत का जश्न मना रहे गुंडों ने जनसंघ कार्यकर्ताओं के घरों पर दंगाई हमले किए। इसके बाद पुलिस फायरिंग हुई, जहाँ पुलिसकर्मियों ने दंगा-फसाद कर रहे मुसलिम लीग के गुंडों की नकेल कसने और उन्हें

गिरफ्तार करने की बजाय जान-बूझकर निर्दोष जनसंघ कार्यकर्ताओं पर गोली चलाई। सुब्रह्मण्यन् को 3 मार्च, 1965 को गोली मारी गई। 15 दिन बाद 18 मार्च को उसने दम तोड़ दिया। कम्युनिस्टों ने इस सन्न कर देने वाली हत्या की निंदा करने की बजाय मुसलिम लीग के गुनहगारों और उनकी ओर से की गई हिंसा का समर्थन किया। अगले दो वर्षों में उन्होंने उस दल के साथ गठबंधन किया और उस गठबंधन की सरकार भी बनी। इसका परिणाम कम्युनिस्टों द्वारा एक बंदोबस्त के रूप में सामने आया, जिसमें मुसलिम लीग के कहने पर मलप्पुरम को अलग जिला बनाकर उन्हें एक तोहफा दिया गया।

इस घटना ने हम सभी को यह सोचने पर विवश कर दिया है कि खून के प्यासे कम्युनिस्टों ने आखिर किसको रख्शा है? भारत समेत, पूरे विश्व में जब से इस विचारधारा ने अपनी जड़ें जमाईं, तभी से रक्तपात और हिंसा उनकी पहचान बन गए हैं। कम्युनिस्टों ने केरल की धरती पर अपना दावा 1957 में किया और उस समय से ही, सी.पी.आई. और सी.पी.आई. (एम) ने अपने जो कुछ संभव था, वह सब किया और यह सुनिश्चित किया कि जब भारत में होनेवाली राजनीतिक हत्याओं की लिस्ट तैयार की जाए, तो सबसे पहला नाम केरल का ही आए। उन राजनीतिक दलों के सदस्यों को निर्दयता से निशाना बनाया गया, जिनकी विचारधारा उनके विपरीत और विरोधी थी तथा लेफ्ट विचारधारा को मानने वालों के खूनी पंजों ने बड़ी आसानी से उन्हें रास्ते से हटा दिया। जयकृष्णन मास्टर का ही उदाहरण लें, जो एक शिक्षाविद् थे और जिनकी हत्या मार्क्सवादी पार्टी के सदस्यों ने मासूम बच्चों के सामने ही कर दी थी। इतने मासूम बच्चे कि उनकी उम्र महज नौ और दस साल की रही होगी। यह भी बस इस कारण, क्योंकि उन्होंने एक राष्ट्रवादी पार्टी का साथ देने का फैसला किया था! दहशत कायम करने के लिए वामपंथी विचारधारा ने महिलाओं को भी नहीं रख्शा है। अपने पति धर्मजन के साथ जिस बर्बरता से यशोदा की हत्या कर दी गई, वह इस बात का प्रमाण है कि छुरा लेकर चलने वाले कम्युनिस्टों के रहते महिलाएँ भी सुरक्षित नहीं हैं। कम्युनिस्टों के हाथों मारी

गई अन्य महिलाओं में कौसल्या और अम्मू अम्मा भी शामिल हैं, जिनका अंजाम भी वैसा ही हुआ।

कत्लेआम को वीभत्स रूप देने के मामले में बर्बरता कम्युनिस्टों का एक और मजबूत पक्ष है। सुब्रह्मण्यन् और राजन को पेट्रोल छिड़ककर जिंदा जलाने, क्रूरता से सत्यन का सिर धड़ से अलग कर देने जैसी घटनाएँ वामपंथी बर्बरता के ऐसे उदाहरण हैं, जिन्हें तालिबानी तौर-तरीकों के रूप में देखा जा सकता है। इतना ही नहीं, कम्युनिस्टों ने तो जानवरों को भी नहीं छोड़ा है, चाहे परशिशनिक्कडव स्नेक पार्क में सरीसर्पों के एक विशाल समूह को जलाकर मारने की घटना हो या अनगिनत कुत्ते, जिनका गला काटकर छोड़ दिया गया, ताकि लहूलुहान होकर वे मर जाएँ। चाहे मनुष्य हों, पक्षी और जानवर या पर्यावरण, कम्युनिस्टों ने यह सुनिश्चित किया है कि यदि वे उनकी इच्छा के अनुसार नहीं हैं तो उन्हें मिटा जाए, जैसा कि अनूप के मामले में हुआ था। उन्होंने पश्चिमी घाटों के संरक्षण के लिए विरोध प्रदर्शनों का नेतृत्व किया और कुट्टियाडी में पर्यावरण को बचाने का आह्वान किया। यह बात कम्युनिस्टों को पसंद नहीं आई, जिन्होंने देसी बम फेंककर उन्हें मौके पर ही मौत के घाट उतार दिया।

इसके साथ ही राज्य में वामपंथी राजनीतिक षड्यंत्र लगातार जारी हैं, जिनका केरल के अनेक शैक्षणिक संस्थाओं और विश्वविद्यालय परिसरों पर विनाशकारी तथा उन्हें खोखला करने के रूप में प्रभाव पड़ा है। वास्तव में लेफ्ट राजनीतिक समूहों द्वारा हिंसा और आगजनी की विचारधारा को दिया गया बढ़ावा एक विचित्र 'अभिव्यक्ति की स्वतंत्रता' के रूप में सामने आया है, जिसे वामपंथी राजनीतिक विचारक हवा दे रहे हैं। केरल के शैक्षणिक संस्थानों के परिसरों में जिस प्रकार इसका आनंद लिया जा रहा है, वह सर्वविदित तथ्य है। केरल की कैंपस पॉलिटिक्स पर एक नजर डालें तो पता चलेगा कि लेफ्ट की बेलगाम हिंसक अभिव्यक्ति की स्वतंत्रता ने कैसे अखिल भारतीय विद्यार्थी परिषद् (ए.बी.वी.पी.) के अनेक छात्रों को अपना शिकार बनाया है। यह बात छिपी नहीं है कि धार्मिक कट्टरपंथी संगठनों के समर्थन से, राष्ट्र-विरोधी छात्र समूहों ने मिलकर केरल के कॉलेज परिसरों में कैसे

ए.बी.वी.पी. से जुड़े छात्रों—दुर्गादास, पी.एस. अनु, सुजित्, किम करुणाकरन, बिंबी, मुरुगनंदा, विशाल, सचिन गोपाल और अन्य कई छात्रों को बर्बरता से मार डाला। वास्तव में अनु, सुजित् और किम करुणाकरन की हत्या जिस प्रकार से की गई, उसकी मिसाल कैंपस की राजनीति के इतिहास में कहीं नहीं मिलती, और इसके लिए वामपंथी राजनीतिक समूह तथा उनमें जल रही बदले की आग जिम्मेदार है। इन छात्रों को महज इस कारण निशाना बनाया गया, क्योंकि उन्होंने केरल के शैक्षणिक परिसरों के एक राष्ट्रवादी संगठन का हिस्सा बनने का फैसला किया था।

'आहुति' का उद्द्देश्य दिवंगत आत्माओं के प्रति श्रद्धांजलि अर्पित करना और इन शहीदों के बलिदानों को देश के सामने लाना है। एक राष्ट्रीय क्षति होने के साथ ही, हमेशा-हमेशा के लिए चले जाने के कारण उनके परिवार भी बेबसी और लंबे समय तक बनी रहनेवाली तंगहाली में डूब गए हैं। यदि ये साहसी, गुमनाम नायक आज जीवित होते तो राष्ट्र की शक्ति के स्तंभ होते।

हम उनमें से हर एक के प्रति अपने हृदय से आभार प्रकट करते हैं, जिन्होंने इस प्रयास में सभी प्रकार से हमारी सहायता की है। हम जमीनी स्तर के अपने कार्यकर्ताओं के समर्थन के लिए भी आभारी हैं, जिन्होंने आँकड़े जुटाने और उनका संकलन करने में कठिन परिश्रम किया है—कार्यकर्ताओं, श्री वी.एन. गोपीनाथन, श्री सोहनलाल शर्मा और केसरी वीकली, जन्मभूमि डेली, ऑर्गनाइजर, हैनादवकेरलम.कॉम, संवाद ओ.आर.जी. का तथा डॉ. श्यामा-प्रसाद मुकर्जी रिसर्च फाउंडेशन को विशेष रूप से धन्यवाद देते हैं। इन सबसे कहीं अधिक, श्री बी.एल. संतोष (राष्ट्रीय संयुक्त महासचिव, भारतीय जनता पार्टी) के ऋणी हैं, जिन्होंने हमारा मार्गदर्शन किया और सहयोग दिया तथा जिसके बिना इस कार्य की अवधारणा अधूरी रह जाती।

अनुक्रम

संदेश (श्री अमित शाह) 7

संदेश (श्री कुम्मनम राजशेखरन) 9

कन्नूर हिंसा पर जारी पद्मश्री पी. परमेश्वरन का वक्तव्य 11

प्रस्तावना (श्री जे. नंद कुमार) 15

भूमिका 19

1. ओणम पर मुरिक्कुमपुषा नरसंहार 50
2. आदर्श राज्य के लिए हिंसा 66
3. मौत से सामना, छात्रों ने जान बचाने के लिए उफनती पंबा नदी में लगाई छलाँग 77
4. कम्युनिस्टों ने स्कूल टीचर को उनके प्राइमरी क्लास के छात्रों के सामने मार डाला 88
5. मराड नरसंहार : 'कट्टरपंथी और आतंकवादी संगठनों की संलिप्तता के साथ, एक स्पष्ट सांप्रदायिक षड्यंत्र' 97
6. हिंसा की कम्युनिस्ट विरासत 108
7. निरंतर ही रही कम्यूनिस्ट हिंसा 124

उपसंहार 135

आहुति
केरल में बलिदान की अनकही कहानियाँ

वाडिक्कल रामकृष्णन
बलिदान—28 अप्रैल, 1969, कन्नूर

पेशे से टेलर वाडिक्कल रामकृष्णन राष्ट्रीय स्वयंसेवक संघ शाखा तलश्शेरी के मुख्य शिक्षक थे। अपने कार्यों के प्रति पूर्ण समर्पित थे, और अपने क्षेत्र की गतिविधियों का नेतृत्व कर रहे थे। सी.पी.आई. (एम) के गुंडों से यह देखा नहीं गया। एक रात अपनी सिलाई की दुकान से घर लौटते समय मार्क्सवादी हमलावरों ने उन्हें घेर लिया और मार डाला।

वाडिक्कल रामकृष्णन की हत्या केरल की पहली राजनीतिक हत्या थी, जिसमें मार्क्सवादियों ने राष्ट्रवादी विचारधारा को मानने वाले की हत्या कर दी।

पी.एस. श्रीधरन नायर
बलिदान—7 सितंबर, 1969, कोट्टयम

यह ऐसा समय था, जब सी.पी.आई. (एम) की ओर की गई हिंसा के बाद कोट्टयम के पोनकुन्नम में संघर्ष छिड़ा था। श्रीधरन नायर जो भारतीय जनता पार्टी के जिला संयुक्त सचिव थे, भगदड़ में गंभीर रूप से घायल एक बच्चे को आयुर्वेदिक अस्पताल लेकर जा रहे थे। इसकी भनक लगते ही मार्क्सवादी हमलावरों ने उनका पीछा किया और उनकी हत्या कर दी।

वेलियत्तुनाडु चंद्रशेखरन

बलिदान—10 फरवरी, 1970, एर्नाकुलम

इनकी हत्या पारूर में की गई। 300 से भी अधिक सी.पी.आई. (एम) के गुंडों ने अलुवा में पारूर के कैतारम स्थित राष्ट्रीय स्वयंसेवक संघ की शाखा पर हमला कर दिया। स्वयंसेवक और जिला शारीरिक शिक्षण प्रमुख, चंद्रशेखरन, जो उस समय शाखा में मौजूद थे, क्रूरता से उनकी हत्या कर दी गई।

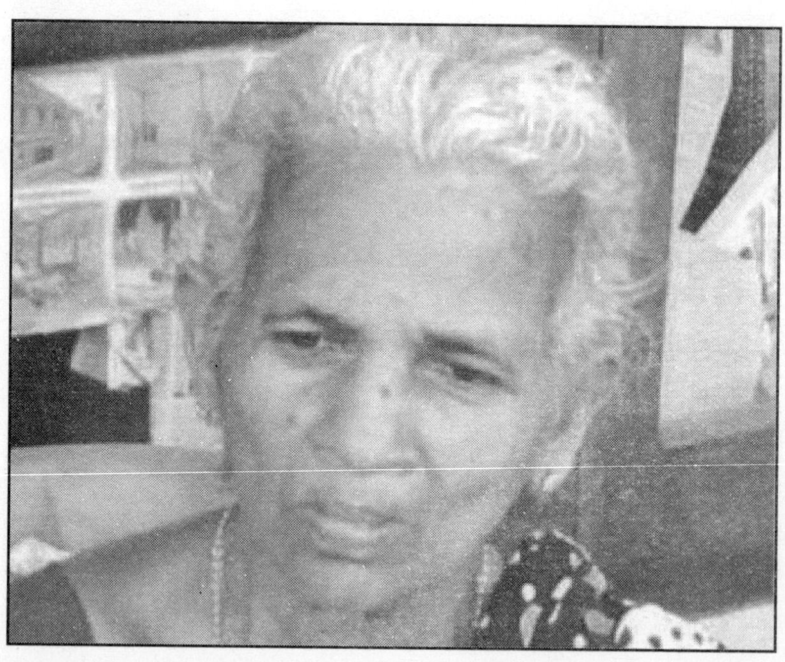

लीला, बलिदानी वाडिक्कल रामकृष्णन की पत्नी। उनके पति की हत्या 47 साल पहले, विवाह के कुछ ही दिनों बाद कर दी गई, जब कम्युनिस्टों ने कन्नूर में हिंसा और आतंक का नंगा नाच किया।

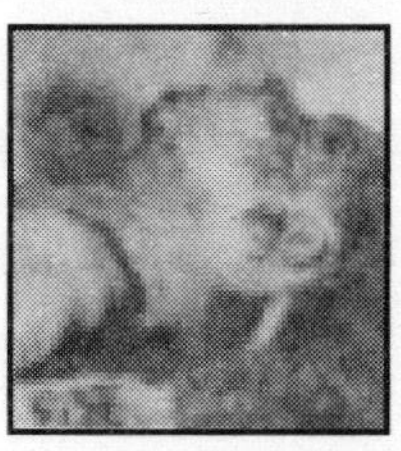

वी. रामकृष्णन
बलिदान—1 फरवरी, 1971, पालक्काड

पुतुपरियारम में राष्ट्रीय स्वयंसेवक संघ के मंडल शारीरिक प्रमुख वी. रामकृष्णन पर मार्क्सवादी गुंडों ने उस वक्त हमला किया, जब वे शाखा की ओर जा रहे थे और देखते ही देखते उनकी हत्या कर दी।

उन्नि चोइकुट्टी
बलिदान—13 मार्च, 1971, मलप्पुरम

राष्ट्रीय स्वयंसेवक संघ के कार्यकर्ता उन्नि चोइकुट्टी पेशे से मछुआरे थे और बुजुर्ग सदस्यों में से एक थे। इसलामी कट्टरपंथियों ने बर्बरता से उनकी हत्या कर दी।

पी.पी. भक्तवत्सलम
बलिदान—1 नवंबर, 1973, त्रिशूर

चावक्कड़ के मुल्लश्शेरी पंचायत में राष्ट्रीय स्वयंसेवक संघ के मंडल कार्यवाह भक्तवत्सलम पर मार्क्सवादी गुंडों ने हमला किया था। बेरहमी से हत्या करने के बाद उनका शव एक कुएँ में डाल दिया गया।

शंकरनारायणन
बलिदान—10 मार्च, 1974, त्रिशूर

10 मार्च की शाम जब शंकरनारायणन नेल्लिक्करा में अपनी बहन के घर जा रहे थे, तब मार्क्सवादी गुंडों ने चाकू से गोदकर उनकी हत्या कर दी। मौके पर ही उनकी मृत्यु हो गई।

एम.टी. कृष्णन

बलिदान—8 अप्रैल, 1974, पालक्काड

एम.टी. कृष्णन एक छात्र थे, जिन्हें मार्क्सवादी गुंडों ने राष्ट्रीय स्वयंसेवक संघ के साथ संबंध रखने के कारण मार डाला। यह घटना कोडुवायूर में हुई थी।

करिंगरी चंद्रन

बलिदान—8 नवंबर, 1974, वयनाड

वे राष्ट्रीय स्वयंसेवक संघ के सक्रिय कार्यकर्ता थे। इनकी हत्या इसलामी कट्टरपंथियों ने की थी।

सुधींद्रनाथ पई

बलिदान—24 दिसंबर, 1974, एरणाकुलम

कन्नामली के राष्ट्रीय स्वयंसेवक संघ भाग सहकार्यवाह सुधींद्रनाथ पई मार्क्सवादी गुंडों ने रात 8:30 बजे हमला किया, जब वे शाखा से घर लौट रहे थे। इस घटना के समय वे प्री-यूनिवर्सिटी के छात्र थे।

चक्कन

बलिदान—25 अक्तूबर, 1978, त्रिशूर

राष्ट्रीय स्वयंसेवक संघ के यह कार्यकर्ता दलित समुदाय के थे। दिहाड़ी मजदूरी करनेवाले चक्कन को खत्म करने के लिए कांग्रेस के गुंडों ने इसलामी कट्टरपंथियों की मदद ली और उनकी हत्या उनके बेटों के सामने कर दी गई थी।

पंतायक्कल पवित्रन

बलिदान—29 अक्तूबर, 1978, कन्नूर

पवित्रन बेकरी का व्यवसाय कर रहे थे। सुबह जब वे अपनी बेकरी के लिए दूध लेने निकले थे, तभी मार्क्सवादी गुंडों ने उनका पीछा किया। पवित्रन

पास के एक घर में छिप गए, लेकिन उन्हें बाहर निकाला गया और नृशंस तरीके से उनकी हत्या कर दी गई।

पन्नीयन्नुर रवींद्रन

बलिदान—2 नवंबर, 1978, कन्नूर

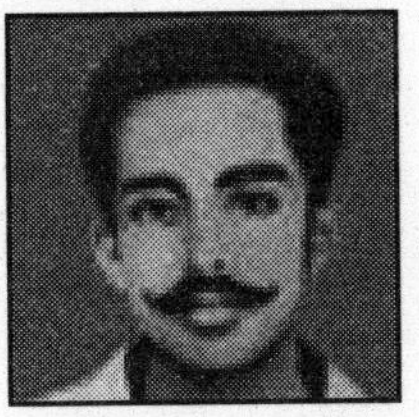

भारतीय मजदूर संघ के कार्यकर्ता रवींद्रन माही सूत कताई मिल में काम करते थे। फैक्टरी से घर लौटते समय उनकी हत्या कर दी गई।

कुन्जिरामन नायर

बलिदान—15 जनवरी,1979, कन्नूर

पेशे से एक वकील के साथ क्लर्क कुन्जिरामन राष्ट्रीय स्वयंसेवक संघ की विचारधारा में विश्वास रखते थे। एक दिन कोर्ट में काम के लिए जाते समय कूत्तुपरंबू में कूनियिल ब्रिज के पास उन पर हमला किया गया। इस कायरतापूर्ण कार्रवाई के तीन दिनों बाद उन्होंने दम तोड़ दिया।

के. विजयन

बलिदान—21 मार्च, 1979, कन्नूर

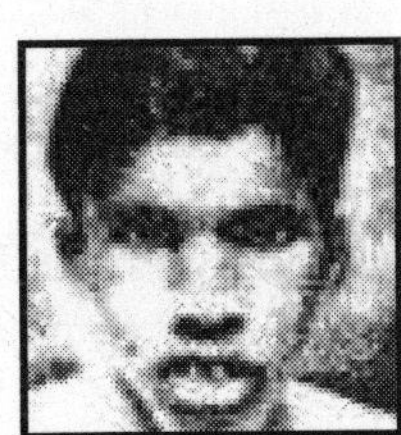

पेशे से बुनकर विजयन राष्ट्रीय स्वयंसेवक संघ के खंड कार्यवाह थे। अपने भाइयों के साथ कपास लाने के लिए जा रहे विजयन पर मार्क्सवादी गुंडों ने हमला कर दिया। घातक हथियारों से लैस बदमाशों ने उनका पीछा किया और उनकी हत्या कर दी।

पानुंडा चंद्रन

बलिदान—2 सितंबर, 1978, कन्नूर

चंद्रन का पैतृक स्थान पानुंडा मार्क्सवादियों का जाना-माना गढ़ है। अपने

परिवार का रुझान पूरी तरह से मार्क्सवाद की ओर होने के बावजूद चंद्रन अखिल भारतीय विद्यार्थी परिषद् की ओर आकर्षित हुए। आगे चलकर वे राष्ट्रीय स्वयंसेवक संघ से जुड़ गए और मुख्य शिक्षक बने। शाखा चलाने के दौरान मार्क्सवादियों के गैंग ने उन पर हमला किया और बेरहमी से उनकी हत्या कर दी।

बालकृष्ण कुरुप

बलिदान—3 अप्रैल, 1979, कन्नूर

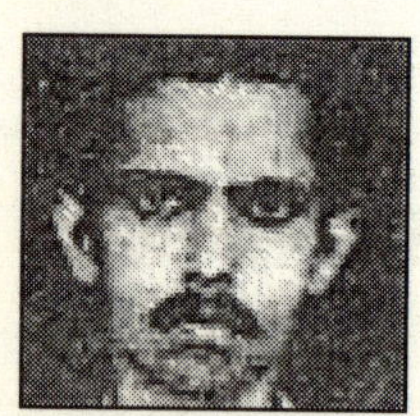

परिवार के सी.पी.आई. (एम) से गहरे संबंधों के बावजूद राष्ट्रीय स्वयंसेवक संघ की विचारधारा के प्रति आकर्षित हुए बालकृष्ण कुरूप ने कोट्टयम पोइल पोस्ट ऑफिस में पोस्टमास्टर के रूप में कार्य किया। अपने एक दिग्गज का राष्ट्रवादी विचारधारा से जुड़ना मार्क्सवादी गुंडों को परेशान करने लगा। इसने एक नृशंस हत्या की साजिश को जन्म दिया। बालकृष्ण कुरुप की हत्या दिनदहाड़े पोस्ट ऑफिस के अंदर ही कर दी गई।

हरिदासन

बलिदान—6 अप्रैल, 1979, कोषिक्कोड

राष्ट्रीय स्वयंसेवक संघ के सक्रिय कार्यकर्ता हरिदासन की हत्या कम्युनिस्ट गुंडों ने कर दी थी।

पी.के. रवींद्रन

बलिदान—14 नवंबर, 1979, पत्तनंतिट्टा

कोषंचेरी के चेरुकोलपुषा में राष्ट्रीय स्वयंसेवक संघ के खंड कार्यवाह रवींद्रन पर उस समय ईसाई धर्मप्रचारक

गुंडों ने दिनदहाड़े हमला किया और बेरहमी से मार डाला, जब वे कोषंचेरी कॉलेज से अपनी बहन को लेने जा रहे थे।

के.पी. नाणु मास्टर

बलिदान—6 मई, 1980, कन्नूर

भारतीय जनता पार्टी के सचिव नाणु मास्टर पेशे से शिक्षक थे। वे पड़ोस की एक दुकान पर बैठे कि तभी कम्युनिस्ट गुंडों ने उस इलाके में धावा बोला और बम फेंक कर दहशत पैदा कर दी। उन्होंने नाणु मास्टर को पकड़ा और उनकी हत्या कर दी।

सुरेंद्रन

बलिदान—15 सितंबर, 1980, कन्नूर

प्यार से धर्मासुरेन बुलाए जानेवाले सुरेंद्र राष्ट्रीय स्वयंसेवक संघ के कार्यकर्ता थे और पेशे से दिहाड़ी मजदूर थे। 13 सितंबर की रात, एरिनजोली में मार्क्सवादी गुंडों ने उन पर जानलेवा हमला बोल दिया। उन्हें अस्पताल ले जाया गया, जहाँ दो दिन बाद उन्होंने दम तोड़ दिया।

गोपालकृष्णन

बलिदान—18 सितंबर, 1980, आलप्पुषा

कुट्टनाड के नेडुमुड़ी में राष्ट्रीय स्वयंसेवक संघ के खंड कार्यवाह, गोपालकृष्ण बस से यात्रा कर रहे थे कि तभी मार्क्सवादी गुंडों ने बस को रुकवाया, उन्हें जबरदस्ती नीचे उतार लिया और दिनदहाड़े उनकी हत्या कर दी गई।

करिमपिल सतीशन

बलिदान—23 अक्तूबर, 1980, कन्नूर

तलश्शेरी में राष्ट्रीय स्वयंसेवक संघ के कार्यकर्ता सतीशन अपने मित्रों के

साथ अस्पताल में भरती एक अन्य स्वयंसेवक को देखने जा रहे थे, तभी मार्क्सवादी गुंडों ने उन पर हमला कर दिया। हमलावरों को इसकी जानकारी मिली, वे मौके पर पहुँचे और सतीशन की पीट-पीटकर हत्या कर दी। इस हत्या में कोडियेरी बालकृष्ण को कथित तौर पर आरोपी बनाया गया है।

पेरिनतट्टिल शशि

बलिदान—20 नवंबर, 1980, कन्नूर

राष्ट्रीय स्वयंसेवक संघ के कार्यकर्ता शशि पेशे से एक ऑटोरिक्शा ड्राइवर थे। 17 नवंबर, 1980 को मार्क्सवादी गुंडों ने उन पर जानलेवा हमला बोला। उन्हें अस्पताल में भरती कराया गया। 20 नवंबर को उन्होंने दम तोड़ दिया।

कवियूर श्रीधरन

बलिदान—24 नवंबर, 1980, कन्नूर

चोक्लि के राष्ट्रीय स्वयंसेवक संघ मंडल कार्यवाह श्रीधरन पेरिनतट्टिल शशि के साथ 17 नवंबर, 1980 को कहीं जा रहे थे, उसी समय मार्क्सवादी गुंडों ने हमला बोल दिया। उन्हें शशि के साथ ही अस्पताल में भरती कराया गया, लेकिन 24 नवंबर को वे जीवन की लड़ाई हार गए।

मधुसूदनन

बलिदान—26 नवंबर, 1980, कन्नूर

तलश्शेरी में राष्ट्रीय स्वयंसेवक संघ के मुख्य शिक्षक, मधुसूदनन कवियूर श्रीधरन के अंतिम संस्कार में

हिस्सा लेने के लिए जा रहे थे, उसी समय क्रूर मार्क्सवादियों ने उन्हें घेर लिया और पीट-पीटकर उनकी हत्या कर दी गई।

कर्याट्टुपुरम राजू

बलिदान—26 नवंबर, 1980, कन्नूर

सी.पी.आई. (एम) को छोड़ राष्ट्रवादी विचारधारा को अपनाने वाले राष्ट्रीय स्वयंसेवक संघ के कार्यकर्ता राजू अपने गाँव में गतिविधियों को आगे बढ़ा रहे थे, जबकि वह गाँव मार्क्सवादियों का गढ़ था। अहंकारी मार्क्सवादी इसे बरदाश्त नहीं कर सके और उन्होंने राजू को ठिकाने लगाने का फैसला किया। 26 नवंबर को राजू का बेरहमी से कत्ल कर दिया गया।

पाराई नानु

बलिदान—26 नवंबर, 1980, कन्नूर

राष्ट्रीय स्वयंसेवक संघ कार्यकर्ता नानु संघ से प्रभावित होकर राष्ट्रवाद से जुड़े थे। कर्याट्टपुरम राजू की हत्या के दौरान की गई हिंसा में नानु उस जीप को चला रहे थे, जिससे राजू को अस्पताल पहुँचाया गया। उन्हें रास्ते में रोका गया और चाकू मारकर उनकी हत्या कर दी गई।

राजन

बलिदान—26 नवंबर, 1980, त्रिशूर

वडक्कांचेरी में राष्ट्रीय स्वयंसेवक संघ के मंडल कार्यवाह राजन पर घर लौटते समय मार्क्सवादी गुंडों ने हमला किया। यह हत्या वीभत्स थी, क्योंकि राजन के शव को क्षति पहुँचाई गई, उनकी आँखें निकाल ली गई थीं।

ए.टी. राघवन

बलिदान—27 नवंबर, 1980, कन्नूर

कई वर्षों तक मार्क्सवादी रहे राघवन राष्ट्रीय स्वयंसेवक संघ के प्रभाव में आए और पूरी तरह से राष्ट्रवादी गतिविधियों में शामिल हो गए। एक दिन संगठन का काम खत्म कर घर लौट रहे थे, तब मार्क्सवादी गुंडों ने उन्हें टीसी जंक्शन पर रोका और फिर पीट-पीटकर उनकी हत्या कर दी।

पानुंडा सुरेंद्रन

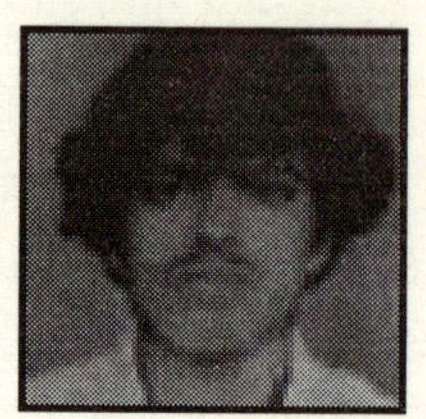

बलिदान—10 दिसंबर, 1980, कन्नूर

राष्ट्रीय स्वयंसेवक संघ के मंडल शारीरिक शिक्षण प्रमुख रहे सुरेंद्रन की हत्या मार्क्सवादी गुंडों ने उन पर बम फेंककर कर दी थी।

शिवन

बलिदान—4 अप्रैल, 1981, आलप्पुषा

गरीब हरिजन परिवार से श्रमिक शिवन एक किसान थे। राष्ट्रीय स्वयंसेवक संघ से उनके संबंध से सी.पी.आई. (एम) के सदस्य भड़क गए। उनकी हत्या की साजिश के तहत दो मार्क्सवादियों ने उनसे दोस्ती गाँठी।

एक बार पुत्तनचिरयिल में पुल पार करते समय इन दोनों ने ही शातिराना ढंग से उन्हें रोका और चाकू मारकर उनकी हत्या कर दी।

वी.ए. गंगाधरन

बलिदान—6 अप्रैल, 1981, कन्नूर

अखिल भारतीय विद्यार्थी परिषद् के तालुका सचिव गंगाधरन को कलयासेरी (स्वर्गीय मुख्यमंत्री ई.के. नयनार का पैतृक गाँव) पंचायत कार्यालय में क्लर्क की नौकरी मिल गई। दफ्तर में अपने दूसरे दिन वह जैसे ही पंचायत कार्यालय में घुसे तो मार्क्सवादी गुंडों ने चाकू मारकर उनकी हत्या कर दी।

पन्नियन्नूर दिवाकरन

बलिदान—7 अप्रैल, 1981, कन्नूर

लंबे समय तक स्वयंसेवक रहे और पेशे से दरजी दिवाकरन पर मार्क्सवादी दंगाइयों ने हमला किया और उनकी दुकान में तोड़फोड़ की। उनकी हत्या दिनदहाड़े कर दी गई थी।

एम.के. लक्ष्मणन

बलिदान—17 अप्रैल, 1981, कन्नूर

तलश्शेरी में भारतीय जनता पार्टी मंडल अध्यक्ष लक्ष्मणन पर उस वक्त हमला किया गया, जब वे चेरक्करा में अपने ससुराल गए हुए थे।

यह वारदात 1 अप्रैल को हुई। उन्हें कोषिक्कोड मेडिकल कॉलेज ले जाया गया। जख्मों से जंग लड़ते हुए 17 अप्रैल को उन्होंने दम तोड़ दिया।

टी.एन. दुर्गादासन

बलिदान—20 जुलाई, 1981, कोल्लम

किलिमानूर तालुका में राष्ट्रीय स्वयंसेवक संघ के प्रचारक रहे दुर्गादासन मलप्पुरम के रहनेवाले थे। वे एक स्वयंसेवक के बेटे के दाखिले को लेकर निलमेल एन.एस.एस. कॉलेज के प्रिंसिपल से मिलकर लौट रहे थे। एस.एफ.आई. के गुंडों ने दुर्गादासन का रास्ता रोका और उन पर हमला कर दिया। कॉलेज परिसर के अंदर ही दिनदहाड़े चाकू मारकर उनकी हत्या कर दी गई।

दुर्गादासन के पिता टी.एन. भारतन संघ के सबसे पुराने प्रचारकों में से एक और केरल में भारतीय जन संघ के पहले अध्यक्ष थे।

पोक्कन

बलिदान—14 सितंबर, 1981, कोषिक्कोड

वडगरा में भारतीय जनता पार्टी के कार्यकर्ता रहे पोक्कन नादापुरम के वलयम में कृषि वैज्ञानिक के रूप में कार्यरत थे। पोक्कन अपने घर के पास खेत में काम कर रहे थे, तभी मार्क्सवादी गुंडों ने उन्हें घेर लिया। उन्होंने उन पर घातक वार कर घायल कर दिया और फिर गोली मारकर मौके पर ही हत्या कर दी।

राजगोपालन

बलिदान—1 अक्तूबर, 1981, एर्नाकुलम

अलुवा कडुंगल्लोर में राष्ट्रीय स्वयंसेवक संघ के मंडल शारीरिक प्रमुख रोजगोपालन कडुंगल्लूर जंक्शन पर दोस्तों के साथ बातचीत कर रहे थे कि तभी मार्क्सवादी गुंडों ने उन पर हमला कर दिया। सबसे हैरान करनेवाली बात यह है कि उनकी हत्या पुलिस के सामने की गई, लेकिन उन्होंने पीड़ित को बचाने की जरा सी भी कोशिश नहीं की।

शिवरामन

बलिदान—10 जनवरी, 1982, त्रिशूर

भरतीय मजदूर संघ के कार्यकर्ता शिवरामन सिर पर बोझ उठाने वाले मजदूर थे। वैचारिक मतभेदों के कारण वामपंथी कार्यकर्ता अकसर उन्हें तंग किया करते थे। वारदात के दिन त्रिक्कूर में ट्रक से सामान उतारते समय सीटू के गुंडों ने उन पर हमला कर दिया और पीट-पीटकर उनकी हत्या कर दी। उनके बेजान शरीर को सड़क पर फेंक दिया गया।

वेणु और राजू

बलितान—14 अक्तूबर, 1981, आलप्पुषा

वेणु और राजू दोनों भाई राष्ट्रीय स्वयंसेवक संघ के कार्यकर्ता थे। वे महज 14 और 17 वर्ष के थे, जब उनकी हत्या कर दी गई। वे बालागोकुलम में

होनेवाली गतिविधियों में सक्रिय थे। वे दोनों जब पास के धान के खेत में काम कर रहे थे, तब मार्क्सवादी गुंडों ने उस इलाके में कोहराम मचाया और उन पर हमला कर दिया और बेरहमी से दोनों की हत्या कर दी।

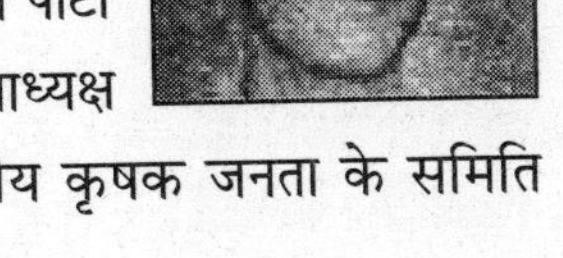

के.पी. भास्करन

बलिदान—23 जनवरी, 1982, कन्नूर

पूर्व में मार्क्सवादी रहे भास्करन भारतीय जनता पार्टी में शामिल हुए और होसदुर्ग मंडलम में पार्टी उपाध्यक्ष के रूप में काम किया। वे कन्नूर जिला के भारतीय कृषक जनता के समिति सदस्य भी थे।

भास्करन के कर्मठ कार्य को देखते हुए मार्क्सवादी समर्थक भारी संख्या में इस राष्ट्रवादी पार्टी में शामिल हुए। इस भगदड़ से सी.पी.आई. (एम) के होश उड़ा दिए।

वारदात की रात्त भास्करन एक विशाल कार्यक्रम में हिस्सा लेकर लौट रहे थे, जिसमें के.जी. मरार जैसे वरिष्ठ नेता भी शामिल हुए थे। कंजंगाडु से 15 किमी. दूर, अय्यनकावु में मार्क्सवादी गुंडों ने भास्करन का रास्ता रोक लिया। उन्हें पत्थरों से मार-मारकर मौत के घाट उतार दिया गया।

एन. रवि

बलिदान—1 मार्च, 1982, पत्तनंतिट्टा

राष्ट्रीय स्वयंसेवक संघ की अडूर शाखा के शारीरिक शिक्षण प्रमुख रहे रवि जागरण निधि संग्रह में जुटे थे। अडूर एषंमुलम मंदिर के पास स्थानीय गुंडों ने उन्हें रोका, उन पर हमला किया और उनकी हत्या कर दी।

के.के. गणेशन

बलिदान—4 अप्रैल, 1982, इरिंजलक्कुडा

इरिंगालक्कुडा में भारतीय जनता युवा मोर्चा के मंडल अध्यक्ष गणेशन पर

मार्क्सवादी हमलावरों ने जानलेवा हमला किया और बेरहमी से उनकी हत्या करदी।

विश्वंभरन

बलिदान—18 जुलाई, 1982, आलप्पुषा

कुट्टनाड तालुक के राष्ट्रीय स्वयंसेवक संघ कार्यवाह विश्वंभरन एक ऐसे दलित परिवार से थे, जो मार्क्सवादी विचारधारा का कट्टर समर्थक था। वह किडंगरा शाखा के रास्ते में थे, जब मार्क्सवादी गुंडों ने उन्हें घेर लिया। अचानक हुए इस हमले से बचने के लिए वे नदी में कूद गए। उन्हें लगा कि तैरकर बच निकलेंगे। लेकिन उन गुंडों ने उन पर पत्थरों की बौछार कर दी, जिससे वे तैर नहीं पाए। गुंडे नदी में घुस गए और पीट-पीटकर विश्वंभरन की हत्या कर दी।

आलप्पुषा में विश्वंभरन की हत्या एक महीने के भीतर बीजेपी-आर.एस.एस. कार्यकर्ताओं की सिलसिलेवार की गई पाँचवीं हत्या थी।

प्रदीप

बलिदान—8 अप्रैल, 1983, कन्नूर

राष्ट्रीय स्वयंसेवक संघ कार्यकर्ता प्रदीप एक पूर्व सी.पी.आई. (एम) समर्थक थे। वे तलश्शेरी के पास मयिलुल्लामोट्टयिल स्थित स्थानीय बीड़ी फैक्टरी में मजदूरी करते थे। प्रदीप द्वारा राष्ट्रवादी विचारधारा का समर्थन करने और स्थानीय स्तर पर शाखा की शुरुआत करने से भड़के मार्क्सवादियों ने बदला लेने के लिए उस फैक्टरी पर बम फेंका, जहाँ वे काम करते थे और आतंक मचा दिया। इतना ही नहीं, प्रदीप की पीट-पीटकर हत्या कर दी गई।

सत्यदेवन

बलिदान—1 मई, 1983, त्रिशूर

भारतीय जनता पार्टी के कार्यकर्ता सत्यदेवन की हत्या मार्क्सवादी गुंडों ने की थी।

अय्यप्पन

बलिदान—3 अगस्त, 1983, कोच्चि

एर्नाकुलम के नयातोड में राष्ट्रीय स्वयंसेवक संघ के खंड कार्यवाह अय्यप्पन पहले प्रचारक रहे थे। वे एक हरिजन परिवार से थे और खेती-बाड़ी करते थे। अय्यप्पन को लगातार जान से मारने की धमकियाँ मिल रही थीं, जिसकी सूचना उन्होंने पुलिस को भी दी थी। परंतु उनकी बात को कभी गंभीरता से नहीं लिया गया, न ही कोई मदद दी गई। वारदात की सुबह कवरप्पारम्बु जंक्शन के पास डी.वाई.एफ.आई. के गुंडों ने उन्हें मार डाला।

धर्मराजन और यशोदा

बलिदान—13 जून, 1982, आलप्पुषा

धर्मराजन एक पूर्व सैनिक थे, जो कभी सी.पी.आई. (एम) के समर्थक हुआ करते थे। हालाँकि राष्ट्रवादी आदर्शों से प्रभावित होकर वे राष्ट्रीय स्वयंसेवक संघ के करीब आए और फिर भारतीय जनता पार्टी में शामिल हो गए। वे मंडल कमेटी के सदस्य भी थे। उनकी दोनों बेटियाँ राष्ट्र सेविका समिति में सक्रिय थीं।

धर्मराजन और उनकी पत्नी की हत्या राजनीतिक हत्याओं के इतिहास की सबसे बीभत्स और क्रूर हत्याओं में से एक है। वारदात सुबह 9 बजे आलप्पुषा शहर के बीचोबीच हुई, जब दोनों को घेर लिया गया और साइकिल की चेन से बुरी तरह पीटा गया। दिन के उजाले में दोनों को बेरहमी से पीट-पीटकर मार डाला गया। संयोग से उनकी बड़ी बेटी गिरिजा भाग निकली और उसे अस्पताल में भरती कराया गया।

इस हत्याकांड को रंजिश के चलते अंजाम दिया गया। इससे पहले गिरिजा पर मार्क्सवादी गुंडों ने राष्ट्र सेविका समिति के साथ काम करने के लिए हमला किया था। परिवार ने इस मामले में कानून की शरण ली और मामला कोर्ट में चल रहा था। फिर भी हमलावर लगातार धर्मराजन और उसके परिवार पर समझौता

कर लेने का दवाब बना रहे थे। चूँकि समझौते की हर बातचीत में धमकियों का इस्तेमाल किया जा रहा था, लिहाजा धर्मराजन ने जता दिया कि वे नहीं झुकेंगे। इसी का बदला लेने के लिए दोनों की हत्या कर दी गई।

पिनारयी चंद्रन

कन्नूर—4 जनवरी, 1984 को शहादत

राष्ट्रीय स्वयंसेवक संघ के तालुक कार्यवाह पिनारयी चंद्रन की हत्या कम्युनिस्ट गुंडों ने बम हमले में कर दी थी।

उन्नीकृष्णन

एर्नाकुलम—20 मार्च, 1984 को शहादत

भारतीय मजदूर संघ के सदस्य उन्नीकृष्णन की हत्या एर्नाकुलम जिले के अंबलामुगल की कोचिन रिफाइनरी के अंदर कर दी गई थी।

सतीशन टी

त्रिशूर—8 मई, 1984 को शहादत

कोडुंगलूर में राष्ट्रीय स्वयंसेवक संघ के तालुक कार्यवाह सतीशन इंडियन बैंक के कर्मचारी थे।

एक दिन घर लौटते समय कोडुंगलूर के एस.एन. थिएटर के पास मार्क्सवादी गुंडों ने उनका रास्ता रोका और धारदार हथियार से उनकी हत्या कर दी।

गोपालकृष्णन

मल्लापुरम—18 दिसंबर, 1984 को शहादत

त्रिशूर के अदवनट्ट के मंडल शारीरिक प्रमुख, गोपालकृष्णन 18 दिसंबर को वलनचेरी में विश्व हिंदू सम्मेलन में हिस्सा ले रहे थे। इसलामिक कट्टरपंथियों ने निर्ममता से उनकी हत्या कर दी।

के. लोहिताक्षन

बलिदान—16 दिसंबर, 1984, कन्नूर

राष्ट्रीय स्वयंसेवक संघ की पुत्तलोटु शाखा में शारीरिक मुख्य शिक्षक रहे लोहिताक्षन की चाकू मारकर हत्या कर दी थी। यह हमला उनके घर में घुसकर किया गया था।

के.पी. सोमन

बलिदान—18 जनवरी, 1984, आलप्पुषा

पेरिंबालम पंचायत समिति (चेरतल्लई मंडलम) में भारतीय जनता पार्टी के पदाधिकारी सोमन की हत्या मार्क्सवादी गुंडों ने कर दी थी।

अर्जुनन पिल्लै

बलिदान—6 अक्तूबर, 1985, पत्तनंतिट्टा

स्वयंसेवक अर्जुनन वेट्टूर में क्षेत्र संरक्षण समिति के कार्यकर्ता थे। बदमाशों ने चाकुओं से गोदकर उनकी हत्या कर दी।

सी. गणेशन

बलिदान—28 अक्तूबर, 1985, पय्यन्नूर

एक दिहाड़ी मजदूर गणेशन भारतीय जनता पार्टी के सक्रिय सदस्य थे। 19 अक्तूबर को तड़के इसलामी कट्टरपंथियों ने उन पर लोहे के रॉड से हमला कर दिया। 28 अक्तूबर को उन्होंने दम तोड़ दिया।

मुरली और कलाधरन

बलिदान—14 जून, 1982, आलप्पुषा

दोनों ही राष्ट्रीय स्वयंसेवक संघ के सक्रिय कार्यकर्ता थे। मुरली चेन्नितलां के मंडल कार्यवाह की भूमिका निभा रहे थे। उन दिनों आलप्पुषा में धर्मराजन

और यशोदा की हत्या के बाद तनाव व्याप्त था।

चूँकि सी.पी.आई. (एम) के सदस्यों ने आर.एस.एस. के एक स्वयंसेवक के माता-पिता पर हमला किया था, इस कारण वह परिवार आतंक से बचाने की गुहार लगा रहा था। उनकी चीख-पुकार सुनकर मुरली और कलाधरण एक बड़े समूह के साथ मामले का पता लगाने पहुँचे। मामले को कुछ समय के लिए शांत कर दोनों घर लौट गए। हालाँकि रास्ते में वे एक मंदिर में दर्शन के लिए रुक गए। मामले की जानकारी मिलते ही मार्क्सवादी गुंडे लाव-लश्कर के साथ पहुँचे और मंदिर पर धावा बोल दिया। मंदिर के पुजारी को रस्सी से बाँधने के बाद उन्होंने मार-काट मचा दी। मुरली को मंदिर के अंदर ही मार डाला। यह वारदात भयावह थी, क्योंकि इसे चाकुओं और तलवारों से अंजाम दिया गया था। कलाधरन वहाँ से भाग निकले और कुछ देर तक बच भी गए। लेकिन उनका पीछा कर उनकी हत्या कर दी गई। बाद में उनका भी शव मंदिर परिसर से बरामद किया गया।

अनिल कुमार

तिरुवनंतपुरम—2 दिसंबर, 1985 को शहादत

नय्यट्टिनकरा के आरमपोट्टा शाखा के स्वयंसेवक थे। काम की जगह से लौटते समय मार्क्सवादियों ने उन पर हमला किया और क्रूरता से हत्या कर दी।

सुधाकरन

कोल्लम—10 जून, 1985 को शहादत

सुधाकरन भारतीय जनता पार्टी के सदस्य थे। गुंडों ने कोल्लम के छावरा में उन पर हमला बोला और उनकी हत्या कर दी।

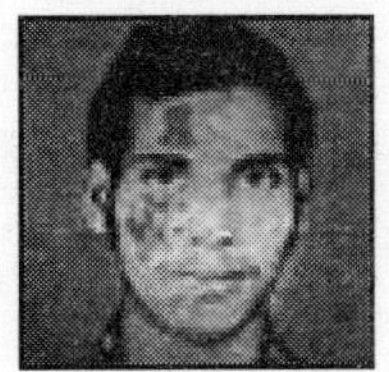

पी.सी. श्रीधरन

त्रिशूर—7 जुलाई, 1986 को शहादत

इरिंजलाकुडा के कोडाकरा तालुक में राष्ट्रीय स्वयंसेवक संघ शाखा मुख्य शिक्षक श्रीधरन एक श्रमिक थे। दलित परिवार से होने के कारण उनके माध्यम से बड़े पैमाने पर मार्क्सवादी समर्थक आर.एस.एस. के पाले में आए।

इसने सी.पी.आई. (एम) को झकझोरकर रख दिया और वह हिंसा पर उतारू हो गया। 27 जून, 1985 को किए गए हमले में श्रीधरन गंभीर रूप से घायल हो गए। 7 जुलाई को उन्होंने दम तोड़ दिया।

के.टी. कनकन

कन्नूर—22 जुलाई, 1986 को शहादत

भारतीय मजदूर संघ के तालुक सचिव, कनकन पेशे से ऑटो चालक थे। 9 बजे थलासेरी के पेरियांगडी में मार्क्सवादी गुंडों ने उन पर हमला किया और गोद-गोदकर उनकी हत्या कर दी।

मणिकंदन

बलिदान—23 मई, 1987, पालक्काड

बेहद गरीब परिवार के मणिकंडन बोझा ढोने वाले मजदूर थे और राष्ट्रीय स्वयंसेवक संघ तथा भारतीय मजदूर संघ के सक्रिय कार्यकर्ता थे।

23 मई की सुबह सीटू के गुंडों ने उन पर हमला किया और पीट-पीटकर मार डाला। यह घटना मलम्पुषा के कांजीकोड में हुई।

पी.के. मधुलाल

बलिदान—20 जुलाई, 1987, कोट्टयम

मडप्पल्ली के राष्ट्रीय स्वयंसेवक संघ मंडल बाल प्रमुख मधुलाल चंगनासेरी के पाइप्पाडु के रहनेवाले थे। वे

शाखा से लौट रहे थे, जब मार्क्सवादी गुंडों ने उन पर हमला किया और बेरहमी से उनका कत्ल कर दिया।

गंगाधरन नायर

बलिदान—26 अगस्त, 1987, तिरुवनंतपुरम

गंगाधरन और उनके परिवार की ओर से किए गए अथक परिश्रम से सी.पी.आई. (एम) के गढ़ उल्लूर पंचायत में भारतीय जनता पार्टी की ओर से अनके प्रकार की गतिविधियाँ शुरू की गईं।

उनके पुत्र राष्ट्रीय स्वयंसेवक संघ के सक्रिय सदस्य थे। उस दुर्भाग्यपूर्ण रात जब रात 8.30 बजे पूरा परिवार टेलीविजन देख रहा था, तब मार्क्सवादी गुंडे उनके घर में घुस आए और तबाही मचा दी। गंगाधरन की पीट-पीटकर हत्या कर दी गई, जबकि उनकी पत्नी को गंभीर रूप से घायल कर दिया गया।

के. राजन और एन.वी. सुब्रह्मण्यन्

बलिदान—21 जुलाई, 1982, त्रिशूर

राजन और सुब्रह्मण्यन् की हत्या आधी रात के समय मार्क्सवादी गुंडों ने की थी। वे मछुआरों की बस्ती काझीम्बरम में रहते थे। राजन और सुब्रह्मण्यन् की ओर से किए गए कार्यों के चलते वहाँ राष्ट्रीय स्वयंसेवक संघ की सक्रियता बढ़ गई, जो वामपंथी समर्थकों की आँखों में चुभने लगी।

वारदात की रात मार्क्सवादी गुंडे लाव-लश्कर के साथ पहुँचे और पूरे इलाके को घेर लिया। आर.एस.एस. कार्यकर्ताओं के घरों पर हमला कर उन्होंने कई घरों पर पेट्रोल छिड़ककर आग लगा दी। राजन और सुब्रह्मण्यन् पर हमला कर उन्हें लाचार कर दिया गया, और फिर पेट्रोल छिड़ककर दोनों को जिंदा जला दिया गया।

शिवरामन

बलिदान—26 सितंबर, 1987, त्रिशूर

विश्व हिंदू परिषद् के सक्रिय कार्यकर्ता शिवरामन एक पूर्व सैनिक थे। कोडाकरा पंचायत में अस्पृश्यता के खिलाफ छेड़ी गई मुहिम के साथ ही उन्होंने अनेक गतिविधियों का नेतृत्व किया।

शिवराम की गतिविधियों से मार्क्सवादी भड़क गए, जिन्हें उनकी बढ़ती लोकप्रियता से डर लगने लगा था। बदला लेने के लिए उन्होंने उन्हें मौत के घाट उतार दिया।

हरिहर अय्यर

बलिदान—6 नवंबर, 1987, तिरुवनंतपुरम्

श्रीवराहम में राष्ट्रीय स्वयंसेवक संघ के कार्यकर्ता हरिहरन कपड़े के शोरूम में काम करते थे।

इस कठिन परिश्रमी युवक ने जन्मभूमि और मातृभूमि अखबारों के वितरण की जिम्मेदारी सँभाली थी। दिन के उजाले में डी.वाई.एफ.आई. के गुंडों ने उनकी हत्या कर दी। हरिहरन अपने परिवार के लिए दो जून की रोटी कमाने वाले अकेले व्यक्ति थे और उनकी उम्र मात्र 18 वर्ष थी।

टी.पी. दामोदरन

बलिदान—18 नवंबर, 1987, कन्नूर

पुंजक्काड में भारतीय जनता पार्टी बूथ कमेटी के अध्यक्ष दामोदरन सी.पी.आई. (एम) को छोड़ राष्ट्रवादी धारा में शामिल हो गए थे। यह हत्या रात के समय की गई। दामोदरन ने वहीं पर दम तोड़ दिया।

एस.डी. रंगनाथन

बलिदान—12 दिसंबर, 1987, पालक्काड

कंजिक्कोड के भारतीय मजदूर संघ इकाई सचिव रंगनाथ सीटू के पूर्व

सदस्य थे। राष्ट्रवादियों के साथ मिल जाने के चलते सी.पी.आई. (एम) के गुंडों ने उनकी हत्या कर दी।

मूरकिन्नकरा तंबी

बलिदान—7 दिसंबर, 1987, त्रिशूर

ओल्लूर विधानसभा में राष्ट्रीय स्वयंसेवक संघ के सक्रिय कार्यकर्ता तंबी की नृशंस हत्या मार्क्सवादी गुंडों ने की थी।

विजयन

बलिदान—10 जनवरी, 1988, कोल्लम

कोल्लम के इरविपुरम में भारतीय मजदूर संघ के सदस्य विजयन का कत्ल मार्क्सवादी गुंडों ने किया था।

कडक्कल जयन

बलिदान—16 फरवरी, 1988, कोल्लम

रामचंद्रन पिल्लई अलियास जयन ने मार्क्सवादियों के गढ़ कडक्कल में भारतीय जनता पार्टी की गतिविधियों की शुरुआत की थी। उनकी हत्या मार्क्सवादी गुंडों ने उस वक्त कर दी, जब कडक्कल मंदिर में उत्सव पूरे जोर-शोर से चल रहा था।

कोयोडन विश्वनाथन

बलिदान—3 मार्च, 1988, कन्नूर

भारतीय जनता पार्टी के कार्यकर्ता विश्वनातन की हत्या अज्ञात हमलावरों ने की थी। उन्होंने पूर्व में कन्नूर नगरपालिका का चुनाव लड़ा था।

वेन्पाला शिवरामन नायर

बलिदान—5 अप्रैल, 1988, पत्तनम्तिट्टा।

15 मार्च, 1988 को जब भारत बंद था, तब मार्क्सवादी गुंडों ने तिरुवल्ला के कदलीमंगलम मंदिर पर हमला किया और खूब तांडव मचाया। इसी क्रम में सैकड़ों मार्क्सवादी गुंडों ने 22 मार्च को मंदिर के पास बवाल किया। इस दौरान हुई हिंसा में शिवरामन की बेरहमी से हत्या कर दी गई।

□

ओणम पर मुरिक्कुमपुषा नरसंहार

राजेश, लालिकुट्टन और वेणु
बलिदान—17 अगस्त, 1988, तिरुवनंतपुरम

1988 में हुआ मुरिक्कुमपुषा का नरसंहार खून जमाने वाला कांड था, जिससे पूरा राज्य दहल उठा। मलयालम महीना, चिंगम के पहले दिन (अत्तम के दिन जो ओणम उत्सव का पहला दिन होता है) मार्क्सवादी गुंडों ने आतंक और हिंसा का नंगा नाच किया, जिसमें राष्ट्रीय स्वयंसेवक संघ के तीन कार्यकर्ताओं वेणुगोपाल, लालिकुट्टन (पेशे से प्लंबर) और राजेश (वंशावली के छात्र) की हत्या कर दी गई। राजेश मुल्लासेरी शाखा के मुख्य शिक्षक भी थे।

मामला तब बढ़ा जब मार्क्सवादियों ने मुरिक्कुमपुषा मंदिर पर बम फेंकने के साथ मार-काट मचा दी। उन्होंने निर्दोष लालिकुट्टन को निशाना बनाया। बुरी तरह से जख्मी और हिल-डुल पाने में भी लाचार लालिकुट्टन को रस्सी

से बाँधकर मंदिर से घसीटकर बाहर लाया गया। पास के जंगल तक उसी तरह घसीटते हुए ले जाकर उनकी हत्या कर दी गई।

राजेश और वेणुगोपाल को उसी तरीके से अगवा किया गया और अज्ञात स्थान पर ले जाकर मार डाला गया। तीनों के शव अगले दिन बरामद किए जा सके, जबकि लालिकुट्टन का शव क्षत-विक्षत कर दिया गया था। वेणुगोपाल के शव को कुचलकर पास के धान के खेतों में बहुत दूर ले जाकर फेंक दिया गया था।

इस वीभत्स कांड के दो दिन पहले स्थानीय मार्क्सवादियों ने सार्वजनिक सभाओं में खुलकर ऐलान किया था कि वे स्थानीय स्वयंसेवकों को इस साल ओणम का उत्सव मनाने नहीं देंगे। मृत आत्माओं के प्रति श्रद्धांजलि स्वरूप आर.एस.एस. ने 1988 में पूरे राज्य से ओणम के दिन उपवास रखने का आह्वान किया था।

तिरुमूलपुरम मोहनन

बलिदान—7 मई, 1988, पत्तनम्तिट्टा

पूर्व में सी.पी.आई. (एम) के सदस्य रहे मोहनन राष्ट्रीय स्वयंसेवक संघ

में शामिल हो गए। वे श्रीनारायण सेवा संघम के भी सक्रिय कार्यकर्ता थे। ओणम उत्सव के दौरान मार्क्सवादी गुंडों ने श्री नारायण गुरुदेवन की प्रतिमा को तोड़ दिया।

मोहनन के नेतृत्व में इसका जबरदस्त विरोध किया गया। इससे मार्क्सवादियों में बदले की भावना और भड़क गई। वे उनका इंतजार करते रहे, और जब वे शाखा की ओर जा रहे थे, तब बड़ी बेरहमी से उनकी हत्या कर दी गई।

वी. राधाकृष्णन

बलिदान—11 जुलाई, 1988, पालक्काड

कांजिकोड में भारतीय जनता पार्टी के सक्रिय कार्यकर्ता राधाकृष्णन को बस खींचकर उतारा और खून के प्यासे मार्क्सवादियों ने उनकी हत्या कर दी।

पुष्पराजन

बलिदान—30 सितंबर, 1988, पत्तनम्तिट्टा

पंदलम के पडानिलम में राष्ट्रीय स्वयंसेवक संघ के खंड कार्यवाह पुष्पराजन के घर पर कम्युनिस्ट गुंडों ने हमला किया और जमकर तांडव मचाने के बाद उनकी हत्या कर दी।

अनिल कुमार

बलिदान—2 दिसंबर, 1988, तिरुवनंतपुरम

नय्याट्टिनकरा के पेरुम्बषत्तूर शाखा के स्वयंसेवक अनिल एक दिहाड़ी मजदूर थे। एक दिन घर लौटते समय मार्क्सवादी गुंडों ने उनका रास्ता रोका और बेरहमी से उनकी हत्या कर दी।

बालकृष्णन

बलिदान—17 अप्रैल, 1989, आलप्पुषा

कुट्टनाडु के कन्नाडी में आर.एस.एस. के मंडल शारीरिक प्रमुख बालकृष्णन पर मार्क्सवादी गुंडों ने हमला किया और उन्हें मार डाला।

शशीन्द्रन

बलिदान—8 जुलाई, 1989, आलप्पुषा

आलप्पुषा के वलिया कलवूर में स्वयंसेवक श्रीधरन की हत्या तब की गई, जब लगभग सौ मार्क्सवादी गुंडों ने संघ शाखा पर जमकर उत्पात मचाया। पुनुंडा चंद्रन की हत्या के बाद यह केरल में संघ शाखा पर मार्क्सवादी हमले की दूसरी वारदात थी।

के. रमेशन

बलिदान—17 जुलाई, 1989, कोषिक्कोड

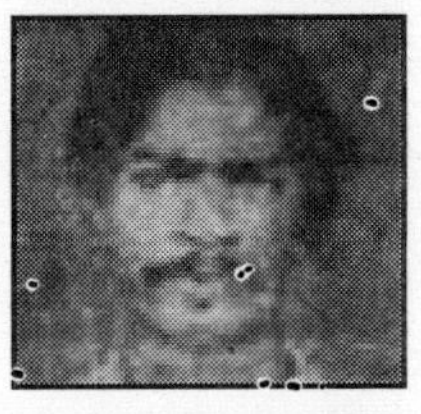

भारतीय जनता पार्टी के सक्रिय कार्यकर्ता रमेशन बेपूर में एक दुकान पर चाय पी रहे थे। शाम का समय था, इसलामी कट्टरपंथियों ने उनकी हत्या कर दी और इस पूरे इलाके में आतंक मचा दिया।

टी.के. विश्वनाथन

बलिदान—3 अगस्त, 1989, कन्नूर

पाप्पिनिश्शेरी के राष्ट्रीय स्वयंसेवक संघ के कार्यवाह विश्वनाथन ऐसे परिवार से थे, जो पूरी तरह से मार्क्सवादी था और उनके पिता पार्टी के दिग्गज नेता थे। लेकिन वे राष्ट्रवादी विचारधारा से काफी प्रभावित हुए

और इस कारण कॉलेज के दिनों में ही मार्क्सवाद को खारिज कर आर.एस.एस. की विचारधारा को अपना लिया। विश्वनाथ मार्क्सवादी गढ़ और स्वर्गीय मुख्यमंत्री ई.के. नयनार के पैतृक स्थान अरोली में सक्रिय थे।

इसके फलस्वरूप उस इलाके में अखिल भारतीय विद्यार्थी परिषद् की जीत हुई, जिसमें ए.बी.वी.पी. का एक उम्मीदवार अरोली सरकारी स्कूल के चुनाव में जीत गया। पास के स्कूलों में भी छात्रों के बीच ए.बी.वी.पी. की गतिविधियाँ बढ़ने लगीं। मार्क्सवादी इससे भड़क गए और फिर बेरहमी से उनकी हत्या कर दी।

आर. नकुलन

बलिदान—9 अगस्त, 1989, कोल्लम

पूर्व में मार्क्सवादी रहे नकुलन राष्ट्रवादी विचारधारा से जुड़ गए और पल्लिक्कल शाखा में एक सक्रिय स्वयंसेवक बन गए। नकुलन के कठिन परिश्रम से भारी संख्या में लोग मार्क्सवादियों को छोड़ आर.एस.एस. के साथ आ गए। इनमें से विशेष रूप से दलित शामिल थे। अपनी संख्या घटने से मार्क्सवादी बौखला गए और बदला लेने निकल पड़े। आर.एस.पी. के गुंडों के साथ मिलकर मार्क्सवादी दंगाइयों ने उन्हें कोट्टारक्करा के पास उन्हीं की छोटी सी चाय की दुकान के सामने मार डाला।

एम.टी.के. करुणन

बलिदान—17 मई, 1985, कन्नूर

राष्ट्रीय स्वयंसेवक संघ मंडल कार्यवाह करुणन अस्पताल में भरती एक पड़ोसी से मिलकर शाम को घर लौट रहे थे। मार्क्सवादी हमलावरों ने पानूर के पूकम कैनाल रोड के पास उन्हें रोका और पीट-पीटकर उनकी हत्या कर दी।

सतीशन

बलिदान—13 अप्रैल, 1990, कोल्लम

कोल्लम के कुंडरा तालुक की कल्लक्कल शाखा के एक सक्रिय स्वयंसेवक सतीशन शाखा से घर लौट रहे थे, जब उन पर मार्क्सवादी गुंडों ने हमला किया था। उनके भाई सदाशिवन भी उनके साथ थे। घायल सतीशन ने हमले की रात को ही दम तोड़ दिया। सदाशिवन को रीढ़ की हड्डी में गंभीर चोट आई और लंबे समय तक अस्पताल में भरती रहने के बाद उन्होंने अंतिम साँस ली।

ये दोनों भाई दलित थे और पहले सी.पी.आई. (एम) के सदस्य रहे थे। राष्ट्रवादी विचारधारा के साथ उनके जुड़ने के बाद स्वाभाविक तौर पर भारी संख्या में लोग मार्क्सवाद को छोड़ संघ के साथ आ गए। अपना संख्या बल बुरी तरह से कम होने के बाद मार्क्सवादी आपा खो बैठे। मार्क्सवादी गुंडों ने तय किया कि वे दोनों भाइयों को नहीं छोड़ेंगे और किसी भी हालात से निपटने के लिए उन्होंने हत्या को अपना हथियार बनाया।

चंद्रशेखरन नायर

बलिदान—15 जून, 1990, कोट्टयम

भारतीय मजदूर संघ के सक्रिय सदस्य चंद्रशेखरन एक टिंबर फैक्टरी में मजदूरी करते थे। अज्ञात हमलावरों ने उन पर हमला कर उनकी जान ले ली।

प्रेमकुमार

बलिदान—21 जुलाई, 1990, तिरुवनंतपुरम

राष्ट्रीय स्वयंसेवक संघ के कार्यकर्ता प्रेमकुमार उस इलाके में असामाजिक तत्त्वों के खिलाफ जबरदस्त विरोध का नेतृत्व कर रहे थे। 21 जुलाई की रात कम्युनिस्ट गुंडों ने उन पर हमला कर बुरी तरह घायल कर दिया, जिसके अगले दिन उनकी मौत हो गई।

सुरेश कुमार

बलिदान—1 सितंबर, 1990, तिरुवनंतपुरम

तिरुवनंतपुरम् के राष्ट्रीय स्वयंसेवक संघ के कार्यकर्ता सुरेश कुमार की हत्या अज्ञात बदमाशों ने की थी।

सी.पी. वल्सराज

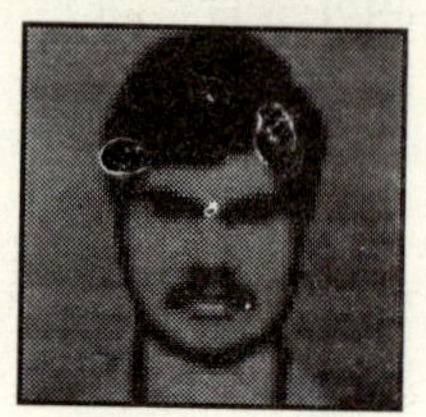

बलिदान—17 अक्तूबर, 1990, मलप्पुरम

राष्ट्रीय स्वयंसेवक संघ के सदस्य वल्सराज और उनके भाई, जो भारतीय जनता पार्टी, मंडलम के सदस्य थे, राष्ट्रवादी विचारधारा के साथ सक्रिय रूप से जुड़े थे। वल्सराज की हत्या इसलामी कट्टरपंथियों ने कनिप्परमबुआंगड़ी में हुए एक हमले में कर दी।

कन्नन

बलिदान—20 अक्तूबर, 1990, तिरुवनंतपुरम

पंगोडे में स्वयंसेवक कन्नन अन्य संघ कार्यकर्ताओं के साथ संघ के एक कार्यक्रम में हिस्सा लेकर लौट रहे थे। मार्क्सवादी गुंडों ने उन पर दिल दहलाने वाला हमला किया। सुरेश की मौत मौके पर ही हो गई, जबकि अन्य स्वयंसेवक गंभीर रूप से घायल हो गए।

राजेंद्रन

बलिदान—21 अक्तूबर, 1990, कोट्टयम

थोडापुझा के इडावट्टी में राष्ट्रीय स्वयंसेवक संघ के शारीरिक प्रमुख राजेंद्रन की हत्या अज्ञात बदमाशों ने कर दी थी।

सुनील

बलिदान—7 दिसंबर, 1990, कोल्लम

निराविल के राष्ट्रीय स्वयंसेवक संघ शाखा के मुख्य शिक्षक सुनील की हत्या मार्क्सवादी गुंडों ने कर दी थी।

मणिकंडन

बलिदान—4 मार्च, 1991, पालक्काड

वल्लिक्कोड (पालक्काड) में भारतीय मजदूर संघ के सदस्य मणिकंदन पूर्व में सी.पी.आई. (एम) के कार्यकर्ता रहे थे, जो पेशे से बोझा ढाने वाले मजदूर थे। वे मजदूर संघ के एक कार्यक्रम से लौट रहे थे, तभी मार्क्सवादी हमलावरों ने उन पर हमला कर उन्हें मार डाला।

के.के. दिवाकरन

बलिदान—4 मार्च, 1991, त्रिशूर

पूर्व सैनिक रहे दिवाकरन भारतीय जनता पार्टी के नाट्टिका मंडलम के अध्यक्ष थे। मार्क्सवादी गुंडों ने उनके सिर पर घातक चोट की, जिससे उनकी मृत्यु हो गई।

बालाकृष्णन

बलिदान—19 अप्रैल, 1991, आलप्पुषा

राष्ट्रीय स्वयंसेवक संघ से जुड़े बालकृष्णन मंडल शारीरिक शिक्षण प्रमुख थे। उनकी कड़ी मेहनत की वजह से संघ का प्रसार कावालम और कुट्टनाड में तेजी से हो रहा था। जब वे विश्व हिंदू परिषद् की सदस्यता कार्यक्रम से लौट रहे थे, तब मार्क्सवादी गुंडों ने उन पर कुल्हाड़ी से हमला करके मार डाला। जिस वक्त उनकी हत्या हुई, उस वक्त उनकी शादी तय हो चुकी थी।

कौसल्या

बलिदान—22 मई 1991, कोट्टयम

मछुआरा समुदाय से ताल्लुक रखनेवाली कौसल्या वैकम् में भारतीय जनता पार्टी की मंडल उपाध्यक्ष थीं। सी.पी.आई. के गुंडे उनके घर में जबरदस्ती घुस गए और उन पर चाकू से हमला कर दिया। बुरी तरह से जख्मी कौसल्या को फौरन अस्पताल ले जाया गया, लेकिन सी.पी.आई. के गुंडों ने अस्पताल में भी उनका पीछा नहीं छोड़ा और उन पर दोबारा चाकू से हमला करके मार डाला।

पद्मनाभन

बलिदान—23 मई, 1991, आलप्पुषा

पूर्व में मार्क्सवादी रहे पद्मनाभन भारतीय जनता पार्टी के सक्रिय सदस्य बन गए और वार्ड अध्यक्ष के तौर पर भी काम किया। लेकिन वयलार में उनकी हत्या कर दी गई

विजयन

बलिदान—10 जनवरी, 1992, तिरुवनंतपुरम

वय्यामूल के रहनेवाले विजयन भारतीय जनता पार्टी के कार्यकर्ता थे। पून्तुरा हिंसा के दौरान पुलिस फायरिंग में उनकी मौत हो गई। वे स्कूटर से जा रहे थे, इसी दौरान उन्हें एक बुलेटवाले ने टक्कर मार दी।

सुरेश कुमार

बलिदान—10 जनवरी, 1992, तिरुवनंतपुरम

सुरेश भारतीय जनता पार्टी के सक्रिय कार्यकर्ता थे। पून्तुरा हिंसा के दौरान मुसलिम कट्टरपंथियों ने मनचौड़ में उनकी हत्या कर दी।

विजयन

बलिदान—10 जनवरी 1992, एर्नाकुलम

विजयन अखिल भारतीय विद्यार्थी परिषद् के तालुका सचिव थे। 1972 में एक बार वे कोचिन कॉलेज के प्राचार्य दफ्तर से बाहर निकल रहे थे, तभी एस.एफ.आई. के गुंडों ने उन पर चाकू से हमला कर दिया। उनकी रीढ़ की हड्डी में चोटें आईं और फिर वे कभी बिस्तर से नहीं उठ पाए। 20 साल के बाद 1992 में उनकी मृत्यु हो गई।

साजन

बलिदान—3 मई, 1992, तिरुवनंतपुरम

साजन वट्टपारा में राष्ट्रीय स्वयंसेवक संघ की शाखा के मुख्य शिक्षक थे। दोपहर में मार्क्सवादी गुंडों ने उनके घर पर हमला बोल दिया। उन लोगों ने बम के धमाके किए, जिसकी वजह से भय का वातावरण बन गया। साजन अपने घर से निकलकर बाहर भागे, लेकिन गुंडों ने चाकू मारकर उनकी हत्या कर दी।

अनिल कुमार

बलिदान—7 अक्तूबर, 1992, एर्नाकुलम

अनिल मट्टानचेरी में राष्ट्रीय स्वयंसेवक की शाखा के मुख्य शिक्षक थे। एक बार जब वे शाखा से लौट रहे थे, तब मुसलिम कट्टरपंथियों ने हमला कर अनिल की निर्मम हत्या कर दी। मत्तान्चेरी में उन दिनों मुसलिम कट्टरपंथियों की जबरदस्त उत्पात चल रहा था। इस दौरान बीजेपी और आर.एस.एस. के कई कार्यकर्ताओं पर हमले किए गए थे।

बी. चंद्रू

बलिदान—8 अक्तूबर, 1992, एर्नाकुलम

बी. चंद्रू भारतीय जनता पार्टी के समर्थक थे। वे मट्टानचेरी में हुई हिंसा के शिकार हो गए। मुसलिम कट्टरपंथियों ने उनकी हत्या कर दी।

कृष्णदास

बलिदान—16 अक्तूबर, 1992, एर्नाकुलम

कृष्णदास भारतीय जनता पार्टी के समर्थक थे। मट्टानचेरी में ही उनका व्यापार था। वहीं मुसलिम कट्टरपंथियों ने उनकी निर्मम हत्या कर दी।

वेनू

बलिदान—7 दिसंबर 1992, मलप्पुरम

वेनू भारतीय जनता पार्टी के समर्थक थे। पूक्कोत्तुर में मुसलिम कट्टरपंथियों ने उनकी हत्या कर दी।

मुक्कण्णन कुरुकुट्टी

बलिदान—8 दिसंबर, 1992, मलप्पुरम

भारतीय जनता पार्टी के समर्थक मुक्कण्णन कुरुकुट्टी को मुसलिम कट्टरपंथियों ने पीछा करके बेहद निर्मम तरीके से मार डाला। उनका शव दो दिनों बाद 10 दिसंबर को मिला।

पी.के. बालन

बलिदान—8 दिसंबर, 1992, मलप्पुरम

बालन भारतीय जनता पार्टी के सक्रिय कार्यकर्ता थे। मार्क्सवादी गुंडों ने कोंदोत्टी में उनकी हत्या कर दी।

मोहनदास और राजीव

बलिदान—12 दिसंबर, 1992, मलप्पुरम

अरुमुघं नाम के एक स्वयंसेवक पर मुसलिम कट्टरपंथियों ने हमला किया था। इसके बाद मोहनदास उर्फ वेनू और राजीव उसे अस्पताल ले जा रहे थे। इन लोगों ने पुलिस को भी इसकी सूचना दी थी। रास्ते में मुसलिम गुंडों से उनका सामना हुआ और दोनों को जान से मार दिया गया। यह घटना मलप्पुरम के मंजेरी में हुई थी।

एम. अच्युतन

बलिदान—8 दिसंबर, 1992, मलप्पुरम

अच्युतन भारतीय जनता पार्टी और संघ के सक्रिय कार्यकर्ता थे। मार्क्सवादी गुंडों ने कोंदोत्टी में उनकी हत्या कर दी।

मधु

बलिदान—12 जनवरी, 1993, कोल्लम

पत्तनापुरम के कदक्कमों में रहनेवाले मधु भारतीय जनता पार्टी के कार्यकर्ता थे। इससे पहले वे सी.पी.आई. (एम) से जुड़े रहे थे। मार्क्सवादी गुंडों ने धारदार हथियार से वार करके उनकी हत्या कर दी।

सदाशिवन

बलिदान—6 फरवरी, 1993, कोल्लम

कोल्लम के कुंडरा तालुका में वो कल्लक्कल शाखा के सक्रिय स्वयंसेवक थे। सदाशिवन अपने भाई सतीशन के साथ शाखा से घर लौट रहे थे, तभी मार्क्सवादी गुंडों ने उन पर हमला कर दिया। सतीशन की घटनास्थल पर ही मौत हो गई; जबकि सदाशिवन को रीढ़ की हड्‌डी में गंभीर चोटें आईं। गुंडों ने उनकी रीढ़ की हड्‌डी में चाकू घोंप दिया था। मृत्यु से पहले तक वे तीन साल तक अस्पताल में भरती रहे। दलित जाति से ताल्लुक रखनेवाले ये दोनों भाई इससे पहले सी.पी.आई. (एम) के सदस्य रहे थे। लेकिन उनके राष्ट्रवादी खेमे में आने की वजह से इलाके में कई लोगों ने मार्क्सवाद को त्यागकर संघ की ओर रुख किया। अपनी घटती संख्या से मार्क्सवादी गुंडे बौखला गए। इसलिए उन्होंने दोनों भाइयों को खत्म करने का फैसला किया।

नंदन

बलिदान—9 फरवरी, 1993, त्रिशूर

नंदन भारतीय युवा मोर्चा के ओल्लूर मंडल के उपाध्यक्ष थे। पेशे से वे एक बस कंडक्टर थे। दिनदहाड़े उन्हें बस से खींच लिया गया और घातक हथियारों से वार करके उन्हें मार दिया गया।

के. अनिल कुमार

बलिदान—10 फरवरी, 1993, कन्नूर

अनिल कोडियेरी में भारतीय जनता पार्टी के कार्यकर्ता थे। वे खून के प्यासे मार्क्सवादी क्रूरता के शिकार बन गए। ए.के.जी. कोऑपरेटिव अस्पताल के चुनाव में मिली जीत पर मार्क्सवादी जश्न के मूड में थे। इस दौरान उन्हें खून की होली खेलने की तीव्र इच्छा हुई। जब उनका विजयी जुलूस कोदियारी पंचायत ऑफिस पहुँचा तो उनकी नजर राष्ट्रवाद समर्थक अनिल पर पड़ी। मारकाट और अपनी खून की प्यास बुझाने के लिए मार्क्सवादी गुंडे फौरन हरकत में आए और हथियारों से वार करके अनिल को मार डाला।

सुरेश बाबू

बलिदान—10 मार्च, 1993, त्रिशूर

त्रिशूर के कडवल्लूर पंचायत में सुरेश बाबू भारतीय जनता पार्टी के कार्यकर्ता थे। बिना वजह वे मार्क्सवादी क्रूरता के शिकार हो गए। बीजेपी और सी.पी.आई. (एम) के कुछ स्थानीय कार्यकर्ताओं के बीच कुछ कहासुनी हो गई थी। इन सबसे बेखबर सुरेश अपना काम खत्म कर वहाँ से गुजर रहे थे। तभी मार्क्सवादी गुंडों की नजर उन पर पड़ी और उन लोगों ने उन्हें दबोच लिया। मुसलिम कट्टरपंथियों की मदद से सुरेश को हथियारों से वार कर मार दिया गया।

सत्यन

बलिदान—10 मार्च, 1993, कोल्लम

इरावीपुरम के आयत्तिल में रहनेवाले सत्यन भारतीय जनता पार्टी के कार्यकर्ता थे। थेक्केकावू मंदिर उत्सव के दौरान मुसलिम कट्टरपंथियों ने उनकी हत्या करदी।

सन्नी वर्गीज

बलिदान—12 जून, 1993, इडुक्की

सन्नी अडिमाली में राष्ट्रीय स्वयंसेवक संघ की शाखा के मुख्य शिक्षक थे। अडिमाली में सन्नी ने संघ के कामकाज को बड़ी तेजी से बढ़ाया। अडिमाली जैसी जगह में जब राष्ट्रवादी खेमे में लोगों की बढ़ती संख्या की भनक लगी तो बिसन घाटी में ले जाकर मार्क्सवादी गुंडों ने सन्नी की हत्या कर दी।

नडक्कल शशिकुमार

बलिदान—19 सितंबर, 1993, वयनाड

शशिकुमार राष्ट्रीय स्वयंसेवक संघ के नडक्कल शाखा के मुख्य शिक्षक थे। मुसलिम कट्टरपंथियों ने उनकी हत्या कर दी। आतंक के सौदागरों ने हमला करके उनके पड़ोसी के घर में तोड़-फोड़ की। जब शशिकुमार पड़ोसी के घर जानकारी लेने पहुँचे तो उन लोगों ने उन्हें मौके पर ही बंधक बना लिया और उनकी हत्या कर दी।

के. राजन

बलिदान—21 मार्च, 1994, कन्नूर

कूत्तुपरंबु में राजन राष्ट्रीय स्वयंसेवक संघ के कार्यकर्ता थे और पूर्व में प्रचारक भी रहे थे। कूत्तुपरंबु की एक हार्डवेयर दुकान में वे सेल्समैन का काम करते थे। उसी दौरान उनकी हत्या कर दी गई। मार्क्सवादी गुंडों के हमले में राजन की घटनास्थल पर ही मौत हो गई। इससे एक दिन पहले मार्क्सवादी गुंडों ने सदानंदन मास्टर के दोनों पैर काट दिए थे।

पी.पी. मोहनन

बलिदान—19 अप्रैल, 1994, कन्नूर

कूत्तुपरंबु में मोहनन राष्ट्रीय स्वयंसेवक संघ के तालुका सहकार्यवाह थे। वे एक वकील के यहाँ कलर्क की नौकरी करते थे। मार्क्सवादी गुंडों ने उन

पर हमला करके उनकी हत्या कर दी। ट्रेजरी ऑफिस के पास खड़ी पुलिस हत्या होते देखती रही, लेकिन उसने उन्हें नहीं बचाया।

सुनील कुमार

बलिदान—1 जुलाई, 1994, तिरुवनंतपुरम

सुनील कराकुलम में राष्ट्रीय स्वयंसेवक संघ के मंडल कार्यवाह थे। कुछ समय के लिए वे प्रचारक भी रहे थे। सुनील अपनी बहादुरी और निडर स्वभाव के लिए जाने जाते थे। इलाके में कई बार उन्होंने असामाजिक तत्त्वों से लोहा लिया था। अज्ञात हमलावरों द्वारा उनकी निर्मम हत्या कर दी गई।

अजी एन

बलिदान—18 अगस्त, 1994, कोल्लम

अजी राष्ट्रीय स्वयंसेवक संघ के कार्यकर्ता और भारतीय मजदूर संघ के संयोजक थे। CITU और AITUC के गुंडों ने उन पर हमला किया तो वे जान बचाने के लिए नदी में कूद गए। लेकिन गुंडे उन पर लगातार पत्थर फेंकते रहे, ताकि वे तैर न सकें। एडमोन के पास डूबकर उनकी मौत हो गई।

एन.के. मधुबालाचंद्रन नायर

बलिदान—10 नवंबर, 1994, तिरुवनंतपुरम

नेय्याट्टिंकारा में नायर राष्ट्रीय स्वयंसेवक संघ की कीषारूर शाखा के मुख्य शिक्षक थे। बिना किसी वजह के मधुबालाचंद्रन को मार दिया गया। मौज-मस्ती करते हुए मार्क्सवादी गुंडों ने हथियार से वार कर उन्हें मार डाला।

एम.बी. कुमारन

बलिदान—25 नवंबर, 1994, कोषिक्कोड

कुमारन वडगरा में राष्ट्रीय स्वयंसेवक संघ के खंड कार्यवाह थे। मार्क्सवादी गुंडों के देसी बम के हमले में अंबालाकुलान्गारा में घटनास्थल

वामपंथी आतंकवाद
केरल के राष्ट्रवादियों के विरुद्ध

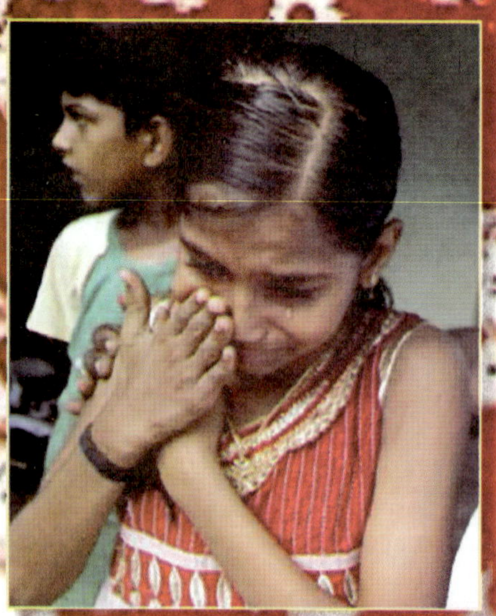

हुतात्मा

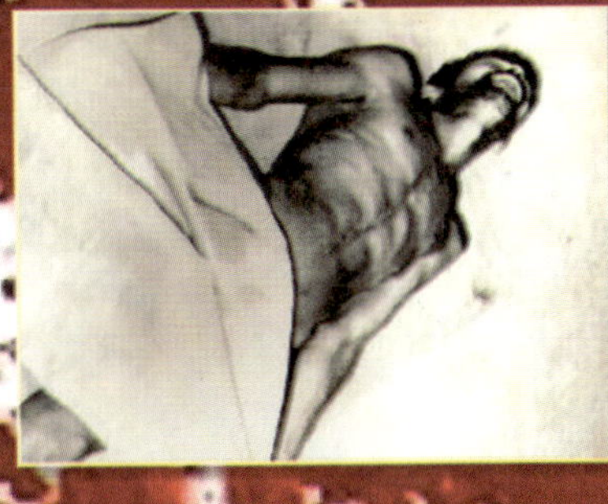
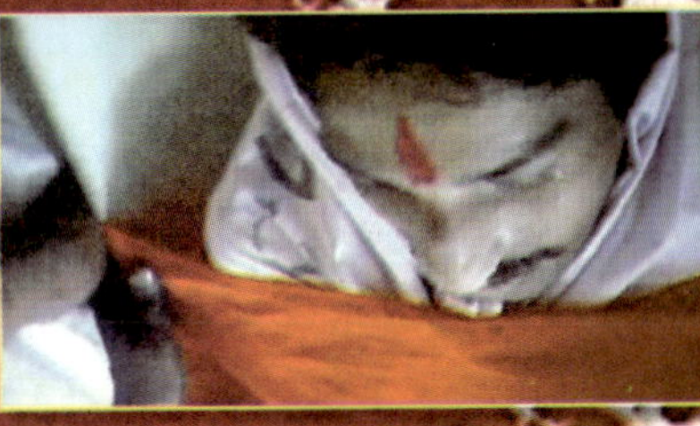

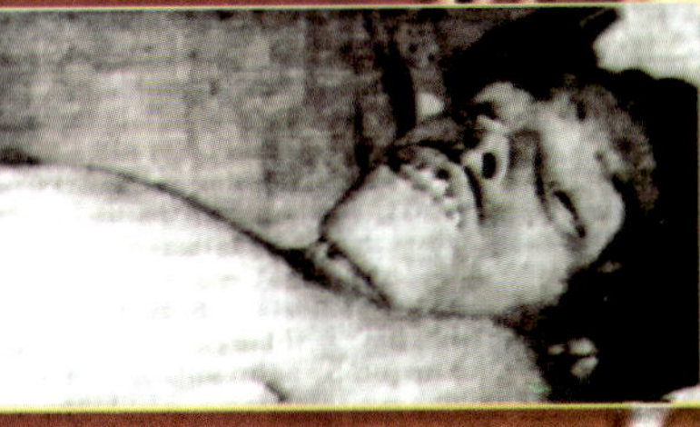

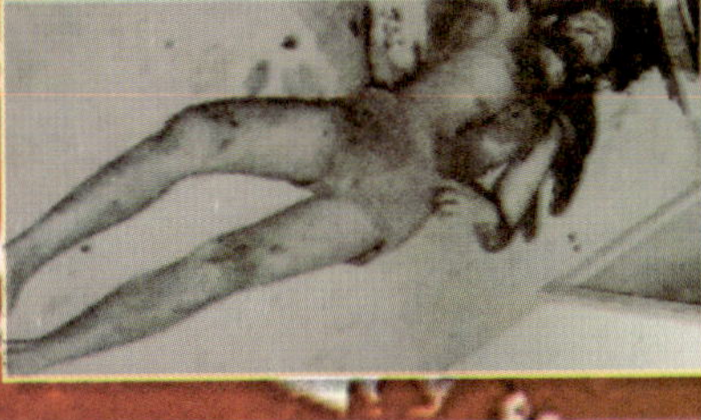

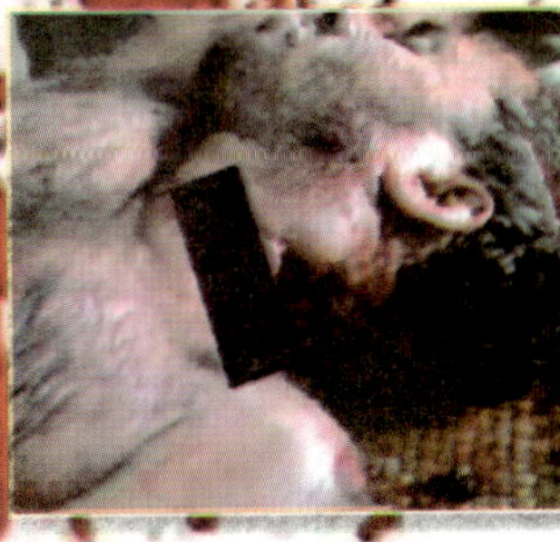

श्रद्धांजलियाँ

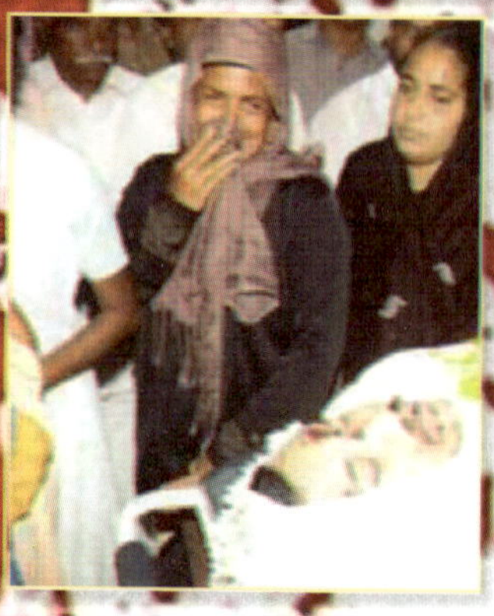

केरल में कम्युनिस्ट हिंसा के विरुद्ध पूरे भारत में विरोध व प्रदर्शन

पर ही उनकी मौत हो गई। यह वारदात उस बड़ी हिंसक घटना का हिस्सा थी, जिसमें सी.पी.आई. (एम) के लोगों ने कूत्तुपरंबु की पुलिस की वरदी में फायरिंग की थी। उपद्रवियों ने उनकी शवयात्रा तक नहीं निकालने दी।

सुनील

बलिदान—4 दिसंबर, 1994, त्रिशूर

गुरूवायूर के तोषियूर में सुनील राष्ट्रीय स्वयंसेवक संघ के कार्यकर्ता थे। वे बेहद गरीब दलित परिवार से थे। 4 दिसंबर की रात मुसलिम गुंडों ने पहले उनके घर में लूटपाट और तोड़-फोड़ की और फिर निर्ममता से उनकी हत्या कर दी। सुनील को उनके माता-पिता और भाइयों के सामने ही धारदार हथियार से काटकर मार दिया गया। हमले में सुनील के घरवालों को भी गंभीर चोटें आई थीं।

के.वी. बिजू

बलिदान—28 जनवरी, 1995, त्रिशूर

चालक्कुडी के कोरट्टी में बीजू भारतीय जनता पार्टी के कार्यकर्ता थे। बीजू जब अपने घर पर थे, तब मार्क्सवादी गुंडों ने उन्हें बंधक बना लिया। उन्हें कोनूर के नालुकेट्टू जंक्शन ले जाया गया। वहाँ बल्ले से पीटकर उनकी हत्या कर दी गई।

चेमबट्टा के.सी. केलू

बलिदान—10 मार्च, 1995, कन्नूर

केलू भारतीय जनता पार्टी के कार्यकर्ता थे। जनसंघ के समय से ही उनका पार्टी से गहरा लगाव था। 50 वर्षीय केलू पर रात में मार्क्सवादी गुंडों ने हमला कर दिया, जब वे अपने घर में थे और फिर निर्ममता से उनकी हत्या कर दी।

□

आदर्श राज्य के लिए हिंसा

—**मीनाक्षी लेखी**, सांसद, नई दिल्ली

"हमें बंगालियों से सीखना (कैसे दुश्मनों का खात्मा करते हैं) चाहिए। वे ऐसा करते हैं, वे भी बिना रक्त की एक बूँद गिराए। वे विरोधियों को अगवा करते हैं, फिर गहरे कब्र में डालकर ऊपर से नमक डाल देते हैं। (यहाँ तक कि) दुनिया को कभी इस हत्या के बारे में पता नहीं चलेगा, न ही तसवीर (पीड़ित की) या उसकी खबर।" अब्दुल्लाकुट्टी ने विजयन की पंक्तियाँ लिखी हैं।

हाल ही में कन्नूर के पिनारायी गाँव में मेरी यात्रा के दौरान मैंने हृदय विदारक दृश्य देखा, जहाँ लोग हर दिन आतंक के साये में जीने को मजबूर हैं। बेशर्म कम्युनिस्ट गुंडे बच्चों को भी नहीं बख्शते हैं। उस छोटे से बच्चे, जिसने के.टी. जयकृष्णन मास्टर की हत्या होते देखी, से लेकर 7 साल के कार्तिक तक, जिसके हाथ 2016 के चुनाव में मिली जीत के बाद काट दिए गए। कई पीढ़ियाँ लाल आतंक की बर्बरता के शिकार हो रही हैं। जब कोई इस पार्टी के लोगों से पूछता है कि हत्या के लिए बंगाल मॉडल का इस्तेमाल क्यों नहीं करते, जिसमें विरोधी को नमक की बोरी के साथ दफना देते हैं, ताकि रक्त का कोई निशान न रहे, तब एक बात सामने आती है...यहाँ सिर्फ भगवान् ही बचा सकते हैं। केरल में पिनाराई विजयन की सरकार में न्याय और शांति की उम्मीद करना ठीक वैसे ही है, जैसे किसी चोर को अपने घर की चाबी देना।

सन् 1957 से ही केरल में सी.पी.आई. (एम) अपने विधायकों की ताकत का इस्तेमाल एक प्रभावशाली पार्टी बनाने में करती रही है। चुनाव क्षेत्र में नियंत्रण के लिए राजनीतिक हत्याएँ और मार्क्सवाद–फासीवाद का इस्तेमाल होता रहा है। राज्य में बीजेपी और आर.एस.एस. के कई कार्यकर्ताओं को काटकर मार दिया गया, सबसे ज्यादा उत्तर केरल में।

केरल ही एक ऐसा राज्य है, जहाँ राजनीतिक प्रतिद्वंद्वियों को दबाने के लिए राज्य प्रायोजित हिंसा पर कभी रोक नहीं लगी। 1997 में बुद्धदेव भट्टाचार्य ने विधानसभा में एक सवाल के जवाब में कहा था कि 1977 से (जब वे सत्ता में आए) लेकर 1996 तक 28,000 राजनीतिक हत्याएँ हुईं। 1997 से 2009 के बीच 27,408 लोगों की हत्याएँ हुईं। यानी कम्युनिस्ट शासन के दौरान 55,408 लोगों का वजूद मिट गया। इसका मतलब है, हर साल 1787 लोगों की हत्या, महीने में औसतन 149 हत्याएँ और हर दिन 5 लोगों की हत्या। दूसरे शब्दों में कहें तो हर पाँच घंटे पचास मिनट में पश्चिम बंगाल में एक आदमी की राजनीतिक वजहों से हत्या कर दी जाती थी।

कम्युनिस्ट पार्टी के एक पूर्व सांसद ए.पी. अब्दुल्लाकुट्टी ने तब के केरल के सी.पी.एम. राज्य सचिव पिनारायी विजयन पर आरोप लगाया था कि उन्होंने पार्टी के नेताओं को 'बंगाल लाइन' पर चलने को कहा है। जिसमें राजनीतिक दुश्मनों की हत्या बिना खून का एक कतरा बहाए होता है। अब्दुल्लाकुट्टी लिखते हैं कि विजयन ने ये बातें पार्टी की एक मीटिंग में कहीं, जो 5 मार्च, 2008 को कन्नूर के अषीकोडन मेमोरियल पार्टी ऑफिस में हुई थी। इससे ठीक पहले हिंसा को रोकने के लिए कन्नूर में ही जिला कलेक्टर ने एक शांति बैठक बुलाई थी। हमें बंगालियों से सीखना (कैसे विरोधियों को खत्म किया जाता है) चाहिए। वे बिना खून का एक कतरा बहाए ऐसा करते हैं। विरोधियों को अगवा करके उन्हें गहरे गड्ढे में दफना दिया जाता है और ऊपर से नमक की बोरियाँ डाल दी जाती हैं। दुनिया को कभी हत्या (पीड़ित की), तसवीर और उसकी खबर नहीं लगेगी। विजयन को लेकर अब्दुल्लाकुट्टी ने ये बातें मीडिया से कहीं। कुट्टी के मुताबिक इस बैठक में उनके अलावा सी.पी.एम. के सांसद पी. करुणाकरण, पी. सतीदेवी और कन्नूर से सी.पी.आई. (एम) विधायक भी मौजूद थे।

हमें पागलपन की इस तसवीर का वैश्विक और घरेलू पहलू भी समझना चाहिए। 19वीं सदी में वामपंथी आतंकवाद की शुरुआत हुई, 20वीं सदी में अराजक आतंकवाद और शीत युद्ध के दौरान सब स्पष्ट हो गया। आधुनिक वामपंथी आतंकवाद 1968 की राजनीतिक अशांति के परिप्रेक्ष्य में विकसित हुआ। पश्चिम यूरोप में महत्त्वपूर्ण ग्रुप, जिनमें वेस्ट जर्मन रेड आर्मी फैक्शन (RAF), द इटैलियन रेड ब्रिगेड, द फ्रेंच एक्शन डिरेक्ट (AD) और बेल्जियन कम्युनिस्ट कॉम्बैटेंट सेल (CCC) शामिल थे। एशियन ग्रुप में जापानी रेड आर्मी और लिबरेशन टाइगर ऑफ तमिल इलम शामिल थे; हालाँकि बाद के संगठनों ने राष्ट्रवादी आतंकवाद का रास्ता अपना लिया। जोसेफ स्टालिन एडॉल्फ हिल्टर की तरह बुरा और मुसोलिनी से भी ज्यादा दुष्ट था। उसने अपने ही देश के लाखों लोगों की हत्या करवा दी थी। चीन का माओ त्से-तुंग दूसरा कम्युनिस्ट नेता था, जिसकी तानाशाही और राज्य पर शासन की नीति ने लाखों लोगों की जान ले ली। 1966-76 में माओ की सांस्कृतिक क्रांति के दौरान अनगिनत किताबें जला दी गईं और देश भर की सभी यूनिवर्सिटीज बंद करा दी गईं।

भारत में कम्युनिस्ट नेतृत्व सैद्धांतिक और स्वाभाविक तौर पर जमीन से जुड़े नहीं हैं। न ही उन्होंने जंगल में दिन गुजारने जैसे कठिन दिन बिताए हैं। इनमें से कइयों ने तो जमकर फायदा उठाया है—युनाइटेड किंगडम के ऑक्सफोर्ड और कैंब्रिज में पढ़ाई की है। इन तथाकथित कम्युनिस्टों का पूर्व औपनिवेशिक काल के ब्रिटिश एजेंडे से खास लगाव है।

औपनिवेशिक शासन को जायज ठहराने के लिए वामपंथी शासन एक बेहतरीन हथियार था, क्योंकि यह भारतीयों से उनके अतीत पर गर्व करने की भावना को छीन लेता।

भारत में वामपंथी आंदोलन आधिकारिक तौर पर 1920 के दशक में शुरू हुआ, जब भारतीय कम्युनिस्ट पार्टी (सी.पी.आई.) का गठन हुआ। नास्तिकों से भरे और हिंदुओं की उच्च जाति से आनेवाले भारतीय कम्युनिस्ट नेता अधिकांशतया अंग्रेजी शिक्षा पानेवाले कुलीन वर्ग के थे। उनके लिए कम्युनिज्म (या मार्क्सवाद) जनता की मदद करने की एक विचारधारा नहीं है, बल्कि एक शगल है, जो उन्हें आम जनता से अलग कुलीनों के रूप में बनाए रखती है।

वे हर बात में पश्चिम की नकल करते हैं। इसलिए जब भारत स्वतंत्रता की लड़ाई लड़ रहा था, तब कम्युनिस्ट विदेशी सरकारों, जैसे जर्मनी, रूस, ब्रिटेन और आखिर में पाकिस्तान तक के एजेंट बने। हालाँकि कम्युनिस्ट आंदोलन की सबसे विनाशकारी भूमिका सारे राष्ट्र-विरोधी आंदोलनों को दार्शनिक और बौद्धिक सहारा देने की रही है। सी.पी.आई. नेतृत्व ने दो देशों की थ्योरी का समर्थन किया, जो पाकिस्तान को लेकर मुसलिम लीग की भी माँग थी। उन्होंने सिखों के अलग देश की माँग का भी समर्थन किया। भारत छोड़ो आंदोलन के दौरान कम्युनिस्टों की भूमिका सब जानते हैं। चीन युद्ध के दौरान सी.पी.आई. की भूमिका तो सबसे घिनौनी थी। उसने 'चेयरमैन माओ, हमारे चेयरमैन' तक का नारा लगा दिया था, जो प्रत्यक्ष और अप्रत्यक्ष रूप से चीन का ही समर्थन था। स्वतंत्रता के बाद कम्युनिस्टों ने हैदराबाद के निजाम की सरकार से एक डील की थी और रजाकरों के साथ हाथ मिलाकर पाकिस्तान की मदद से भारत में हैदराबाद के विलय के खिलाफ लड़ाई के लिए तैयार हुए थे।

सन् 1947 में कम्युनिस्टों ने भारत के बँटवारे का, 1962 युद्ध में चीन का समर्थन किया था। 1998 में भारत के परमाणु परीक्षण का विरोध किया, जबकि 1964 में चीन के परीक्षण का समर्थन किया था। यही नहीं, नेताजी सुभाष चंद्र बोस को 'तोजो का कुत्ता' कहा और कार्टून में कुत्ते का चित्र बनाकर उसका मुँह नेताजी का चेहरा लगा दिया। 1967 में सी.पी.एम. के नेतृत्व वाली युनाइटेड फ्रंट सरकार के शासन के दौरान ही कानु सान्याल ने नक्सलाबाड़ी आंदोलन शुरू किया था, जिसका परिणाम हजारों निर्दोष लोगों के नरसंहार के रूप में सामने आया। 27 फरवरी, 2013 में प्रश्न संख्या 371 के उत्तर में, केंद्रीय गृह राज्यमंत्री ने राज्यसभा को बताया कि 2001 से 2013 तक वामपंथी उग्रवाद ने 7881 लोगों की हत्या कर दी है।

वामपंथी उग्रवाद (एल.डब्ल्यू.ई.) आज भी भारत की आंतरिक सुरक्षा के लिए सबसे बड़ी चुनौती है। इसकी तीव्रता विशेष रूप से छत्तीसगढ़, झारखंड और उड़ीसा के तीन राज्यों में है, जबकि पश्चिम बंगाल, बिहार और महाराष्ट्र में भी इसका प्रभाव है। इसके साथ ही वामपंथी उग्रवाद पूर्वोत्तर के कुछ इलाकों और दक्षिण भारत के शहरी क्षेत्रों में अपनी पैठ बनाने में कामयाब हो गया है।

भले ही कथित तौर पर माओवादी हर साल उगाही से 1,500 करोड़ रुपए जुटाते हैं, लेकिन माओवादी अर्थव्यवस्था की विशालता को लेकर कोई ठोस अंदाजा नहीं है। उनकी अर्थव्यवस्था मुख्य रूप से कारोबारियों, सड़क बनाने वाले ठेकेदारों, तेंदू पत्ता के ठेकेदारों, बस और ट्रक मालिकों, पेट्रोल पंपों और दुकानदारों से चंदा वसूली/शुल्क की उगाही पर आधारित है। इस बात की आशंका है कि माओवादी छत्तीसगढ़, झारखंड, उड़ीसा और बिहार के अपनी पकड़ वाले इलाकों में अपने आंदोलन के लिए पैसा जुटाने के मकसद से अफीम की खेती भी करते हैं। खनन निगमों से भी टैक्स के नाम पर माओवादी अच्छा खासा पैसा जुटा लेते हैं।

कांग्रेस और कम्युनिस्ट एक ही सिक्के के दो पहलू हैं। यह कांग्रेस पार्टी ही है, जिसने देश के हर तंत्र में कम्युनिस्टों को घुसपैठ करने का मौका दिया है और ऐसी आशंका है कि वे भारत के एक बड़े हिस्से पर कब्जा भी जमा लेते। ऐसी ही एक घटना सोनिया गांधी के नेतृत्व में बनी यू.पी.ए. वन की सरकार के 4 महीने के भीतर की है, जब सी.पी.आई. (माओवादी) की स्थापना, 21 सितंबर, 2004 को हुई थी। राष्ट्रीय सलाहकार परिषद् (कम्युनिस्टों से भरी) के नाम से एक अतिरिक्त संवैधानिक संस्था का गठन किया गया, जिसका मकसद कम्युनिस्टों को फायदा पहुँचाना था।

हमने संभवतः उस परिवार और व्यक्तिगत संबंधों की परत को भी नहीं खरोंचा है, जिससे पता चल सके कि नेहरू वंश ने किस प्रकार सारे बौद्धिक इतिहासकारों और पत्रकारों को अपने नियंत्रण और प्रभाव में कर रखा था। अनेक प्रमुख संपादक और रिपोर्टर प्रत्यक्ष या अप्रत्यक्ष रूप से वामपंथी संगठनों से जुड़े हैं। एकदम ठेठ जे.एन.यू. नेहरूवादी कम्युनिस्ट लेफ्ट-उदारवादी विचारक भारत की पत्रकारिता, मीडिया और बौद्धिक जगत् में सेंध लगा चुके हैं। वे जनता की सोच-समझ को प्रभावित करते हैं और बंगाल तथा अन्यत्र कम्युनिस्टों की ज्यादतियों पर चुप्पी साध लेते हैं।

यह दूर का ढोल कभी हकीकत बनने वाला नहीं था। भले ही वामपंथी केरल को गॉड्स ओन कंट्री के रूप में एक पूर्ण समाज बताते हैं, लेकिन यह दिवास्वप्न है कि वहाँ सभी शांति और खुशी से रह सकते हैं। नेशनल क्राइम

ब्यूरो के रिकॉर्ड अलग ही कहानी बयाँ करते हैं। वामपंथी अपने गढ़ों में किसी तानाशाह की तरह राज करते हैं, न केवल हत्याओं को प्रायोजित करते हैं बल्कि हत्यारों को बचाते हैं और दोषी ठहराए जाने पर उनके परिवारों की देखभाल करते हैं। लाल गलियारे में वे संपूर्ण सत्ता अपने हाथ में रखते हैं और वहाँ अभिव्यक्ति की कोई स्वतंत्रता नहीं होती। यदि पार्टी के गुंडों के आदेश का पालन नहीं किया गया तो महिलाओं, बच्चों, यहाँ तक कि दलितों का भी बहिष्कार किया जाता है। मीडिया और बुद्धिजीवी 'कॉमरेडों' की अवैध गतिविधियों से ध्यान हटाकर अपराध को बढ़ावा दे रहे हैं। जब तक निर्दोष साबित न कर दिए जाएँ, तब तक राज्य में होनेवाली सारी राजनीतिक हत्याओं के मामले में पुलिस को न केवल अपराधियों बल्कि उन राजनेताओं के खिलाफ भी आपराधिक मुकदमा दर्ज करना चाहिए, जिनके कारण ऐसे अपराध होते हैं। राज्य सरकारों को बंगाल और केरल जैसी रक्तपात की भूमि पर क्रूरता से की जानेवाली राजनीतिक हत्याओं के मामले में पीड़ितों को मुआवजा देने की कारवाई करनी चाहिए।

क्या केरल में कभी ऐसा समय आएगा, जब वहाँ शांति और राजनीतिक स्वतंत्रता होगी?

सुरेंद्रन और मनोज

बलिदान—6 दिसंबर, 1994, कोषिक्कोड

कोषिक्कोड के वलयम में राष्ट्रीय स्वयंसेवक संघ के कार्यकर्ता सुरेंद्रन और मनोज की हत्या सी.पी.आई. (एम) के गुंडों ने संघ शाखा पर बम फेंककर कर दी थी। यह घटना तब हुई, जब दोनों शाखा में हिस्सा ले रहे थे।

जोस

बलिदान—22 जनवरी, 1995, त्रिशूर

त्रिशूर मार्केट में भारतीय मजदूर संघ के कार्यकर्ता जोस सीटू के पूर्व कार्यकर्ता थे। मार्क्सवादी गुंडों ने उन पर उस वक्त हमला किया, जब वे एक थिएटर में फिल्म देख रहे थे। उन्हें भागने पर मजबूर किया गया और फिर पीछा कर उन्हें पीट-पीटकर मार डाला गया।

कोम्बन्डविडा सुरेंद्रन

बलिदान—24 मार्च, 1995, कन्नूर

पेरिंबालम में राष्ट्रीय स्वयंसेवक संघ के शाखा मुख्य शिक्षक सुरेंद्र काम से घर लौटे और उसके बाद रहस्यमय तरीके से लापता हो गए। अगले दिन उनका शव रहस्यमय हालातों में झूलता पाया गया। सुरेंद्र अपने इलाके में इसलामी कट्टरपंथियों और राष्ट्र-विरोधी ताकतों के खिलाफ मुहिम चला रहे थे।

पलूर मोहनचंद्रन

बलिदान—19 अगस्त, 1995, मलप्पुरम

पेरिंतलमण्ण के मंकड़ा में भारतीय जनता पार्टी के नियोजक मंडल महासचिव मोहनचंद्रन एक दुकान चलाते थे। वारदात की रात वे दुकान बंद कर घर लौट रहे थे, तभी इसलामी कट्टरपंथियों ने उनका रास्ता रोका और हमला कर उनकी हत्या कर दी।

पी.के. शिवदास

बलिदान—12 अक्तूबर, 1995, आलप्पुषा

शिवदास कुट्टनाडु के किडांगरा में राष्ट्रीय स्वयंसेवक संघ के कार्यकर्ता थे। किडंगरा में एस.एन. डी.पी. की ओर से शिवगिरी मठ में पुलिस की काररवाई के खिलाफ पूरे राज्य में बुलाए गए बंद के बाद हिंसा भड़क उठी थी। इस हिंसा पर काबू पाने के लिए पुलिस ने फायरिंग की। शिवदासन अपने घर के पास खड़े थे, लेकिन वे झगड़े में शामिल नहीं थे। दुर्भाग्य से उन्हें गोली लगी और मौके पर ही उनकी मौत हो गई।

सुकुमारन

बलिदान—26 दिसंबर, 1995, मलप्पुरम

बीवी आँगड़ी तिरूर में भारतीय जनता पार्टी के कार्यकर्ता सुकुमारन दलित परिवार के थे। सुकुमारन एक ऐसे परिवार से आते थे, जो कांग्रेस पार्टी के साथ जुड़ा था, और उनके करीबी रिश्तेदार पार्टी के सदस्य थे। कांग्रेस के गुंडों ने उन पर पुराथूर बस स्टैंड पर हमला कर दिया। गहरी चोट के कारण अगले दिन कोषिक्कोड मेडिकल कॉलेज में उन्होंने दम तोड़ दिया।

सी.जे. राजीव

बलिदान—29 दिसंबर, 1995, त्रिशूर

वाडानप्पल्ली में भारतीय जनता पार्टी के कार्यकर्ता राजीव इसलामी क्रूरता के शिकार हुए। 29 दिसंबर की रात पी.डी.पी. (अब्दुल नासेर मदनी द्वारा स्थापित राजनीतिक दल) के कार्यकर्ता उनके घर में अचानक घुस आए और उन्हें खींचकर बाहर निकाला। फिर पीट-पीटकर उनकी हत्या कर दी।

मोहनदास
बलिदान—20 फरवरी, 1996, त्रिशूर

एक पूर्व सैनिक रहे मोहनदास कोडागरा में भारतीय जनता पार्टी के एक सक्रिय सदस्य थे। उन पर कांग्रेस के गुंडों ने हमला किया और उनकी हत्या कर दी। उनका शव कँटीली झाड़ियों से बरामद किया गया था।

षाजी
बलिदान—18 मई, 1996, कन्नूर

भारतीय जनता पार्टी के कार्यकर्ता षाजी की हत्या मार्क्सवादी गुंडों ने कर दी थी।

विद्यासागर
बलिदान—12 जुलाई, 1996, त्रिशूर

भारतीय जनता पार्टी के वरिष्ठ नेता विद्यासागर कोडुंगल्लूर विधानसभा क्षेत्र के अध्यक्ष थे। 12 जुलाई की रात मार्क्सवादी गुंडों ने धारदार हथियार से उनकी हत्या कर दी।

टी.एस. संतोष
बलिदान—9 अगस्त, 1996, त्रिशूर

एक कारोबारी संतोष इरिंजालक्कुडा के तय्यिल में भारतीय जनता पार्टी के वार्ड कमेटी के कोषाध्यक्ष थे। दुकान बंद कर घर लौटते समय इसलामी कट्टरपंथियों ने उनकी हत्या कर दी।

मुथलामडा मनि
बलिदान—14 अगस्त, 1996, पालक्काड

मुतलमडा में भारतीय जनता पार्टी के पंचायत समिति सदस्य मनि एक पूर्व सी.पी.आई. (एम) समर्थक थे। इसलामी कट्टरपंथियों ने उन्हें उनके घर के

पास हमला कर मार डाला। मार्क्सवादी गुंडों ने भी हमलावरों का साथ दिया था।

मडत्तिल तामी

बलिदान—25 अगस्त, 1996, मलप्पुरम

भारतीय जनता पार्टी के स्थानीय नेता थमी एक दलित थे। उनकी हत्या इसलामी कट्टरपंथियों ने कर दी। थमी पर पहले भी दो बार जानलेवा हमला हो चुका था। पुलिस के असहयोग और मदद न देने के कारण अपनी तीसरी कोशिश में हमलावर कामयाब हो गए।

अशोक शेट्टी

बलिदान—26 अक्तूबर, 1996, कासरगोड

भारतीय जनता पार्टी के स्थानीय नेता अशोक अपने घर जाने के लिए एक बस से उतरे थे। शिरडी साईं मंदिर के पास मार्क्सवादी गुंडों ने धारदार हथियारों से उन पर हमला किया और उन्हें मार डाला।

पन्नीयन्नूर चंद्रन

बलिदान—25 मई, 1996, कन्नूर

कन्नूर में भारतीय जनता पार्टी के जिला सचिव चंद्रन ने राष्ट्रीय स्वयंसेवक संघ में प्रचार की जिम्मेदारी निभाने के लिए ही बैंक की नौकरी से इस्तीफा दिया था। बीजेपी में आने से पहले वे लंबे समय तक आर.एस.एस. में काम कर चुके थे। वास्तव में पेरिंगलम विधानसभा सीट से बीजेपी उम्मीदवार के तौर पर उन्होंने 10,000 से अधिक वोट हासिल किए थे।

उनकी हत्या उस वक्त कर दी गई, जब

वे एक रिश्तेदार को रेलवे स्टेशन तक छोड़कर लौट रहे थे। उनकी पत्नी भी उनके साथ थीं। दोनों एक बाइक से जा रहे थे, तभी मार्क्सवादी गुंडों ने उन्हें रोका और उन पर बम फेंक दिया। दिनदहाड़े हुई इस घटना में वे जैसे ही बाइक से गिरे, गुंडे उन पर टूट पड़े। चंद्रन की हत्या उनकी पत्नी के सामने कर दी गई। उनकी हत्या कॉमरेड नयनार के केरल के मुख्यमंत्री पद पर शपथ लेने के कुछ ही समय बाद की गई।

के. सुकुमारन

बलिदान—27 दिसंबर, 1996, मलप्पुरम

बीवी आँगड़ी, तिरूर में भारतीय जनता पार्टी के कार्यकर्ता सुकुमारन पर कांग्रेस के गुंडों ने पुरतुतूर बस स्टैंड पर 26 दिसंबर को हमला किया गया, जबकि 27 को उन्होंने गंभीर जख्मों के कारण दम तोड़ दिया।

ओ.पी. बाबू

बलिदान—28 फरवरी, 1997, कोषिक्कोड

कुट्टीयाडी के नेट्टूर में राष्ट्रीय स्वयंसेवक संघ के सक्रिय सदस्य बाबू श्री राम नवमी रथयात्रा के लिए भव्य स्वागत की तैयारी का जिम्मा सँभाला था। उत्सव के दौरान 40 से अधिक मार्क्सवादी गुंडों ने उन पर हमला बोल दिया और उन्हें मार डाला।

इस नृशंस हत्या से कुछ दिनों पहले कुछ मार्क्सवादी नेताओं ने खुलकर ऐलान किया था कि वे उस इलाके के संघ कार्यकर्ताओं को मार डालेंगे। उनकी लिस्ट में बाबू का भी नाम था।

□

मौत से सामना, छात्रों ने जान बचाने के लिए उफनती पंबा नदी में लगाई छलाँग

परुमला हत्याकांड के नाम से कुख्यात वारदात में अखिल भारतीय विद्यार्थी परिषद् के तीन कार्यकर्ताओं—अनु, सुजित और किम को एस.एफ.आई., सी.ए.टी.यू. और डी.वाई.एफ.आई. के गुंडों ने परुमला स्थित देवश्वम बोर्ड कॉलेज में घेर लिया। कॉलेज की ए.बी.वी.पी. इकाई में सक्रियता दिखाने के लिए भीड़ ने उन्हें मार डालने की धमकी दी। इस डर से कि मौत बस उनसे कुछ ही इंच दूर है, छात्र जान बचाने के लिए भागे और इस उम्मीद में पंबा नदी में छलाँग लगा दी कि तैरकर बच निकलेंगे। लेकिन निर्दयी मार्क्सवादी गुंडों ने इतनी बुरी तरह पत्थरों की बौछार की कि उन लड़कों के लिए बहाव को पार करना असंभव हो गया और वे डूब गए।

अनु *सुजित* *किम*

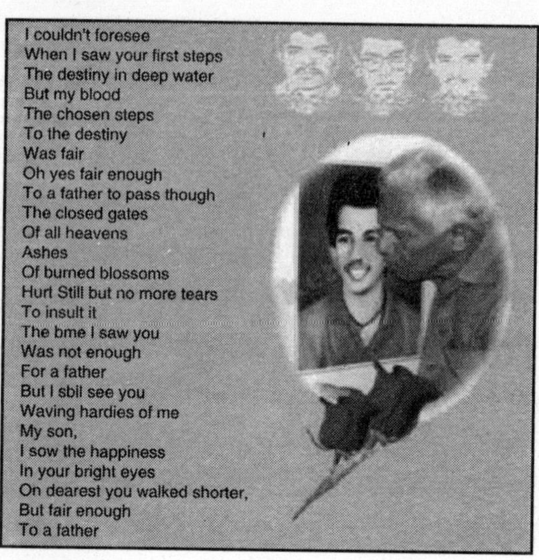

वहाँ कुछ महिलाएँ कपड़े धो रही थीं, जो इस पूरी घटना की चश्मदीद गवाह थीं। उन्होंने पानी में अपनी साड़ियाँ फेंककर उन लड़कों को बचाने की कोशिश की। उन्हें लग रहा था कि लड़के उन्हें पकड़कर सुरक्षित बाहर निकल आएँगे। लेकिन एस.एफ.आई. के गुंडों ने उन महिलाओं को गालियाँ देकर और पत्थर मारकर भागने पर मजबूर कर दिया। असहाय महिलाओं के पास वहाँ से भागने के सिवाय कोई चारा नहीं था। उन बेरहम गुंडों ने जब देखा कि तीनों लड़के डूब गए, तब उन्हें बड़ी खुशी हुई।

उस समय केरल पर कम्युनिस्टों का शासन था, जिन्होंने इस कांड के एक-एक सबूत मिटा दिए। उन्होंने पोस्टमार्टम रिपोर्ट तक को बदलवा दिया। एक नई रिपोर्ट बनाई गई, जिसमें बताया गया कि लड़के नशे में धुत्त थे, जिसके चलते उनकी मौत हुई। इन फर्जी प्रमाणों की मदद से मार्क्सवादी नेता ने आसानी से केस जीत लिया। लेकिन ब्रह्मांडीय कानून अपने ही हिसाब से चलता है, जहाँ भाग्य तय करता है कि असली न्याय किसे मिलता है। समय एक बार फिर साबित करेगा कि बलिदान देने वालों के प्रियजनों द्वारा सहन की गई पीड़ा और दुःख खत्म हो जाएँगे।

भास्करन

बलिदान—12 मार्च, 1991, पालक्काड

राष्ट्रीय स्वयंसेवक संघ के शाखा मुख्य शिक्षक भास्करन एक रेलवे कर्मचारी थे। उनकी हत्या काम से घर लौटते समय मार्क्सवादी गुंडों ने कर दी। हत्या के समय उनकी आयु 55 साल थी।

उन्नी

बलिदान—6 जून, 1997, तिरुवनंतपुरम

किलिमानूर के नगारूर में भारतीय जनता पार्टी के कार्यकर्ता उन्नी को एक रात असामाजिक तत्त्वों ने घेर लिया। उन पर हमला किया और धारदार हथियार से उनका कत्ल कर दिया गया।

भास्करन मास्टर

बलिदान—30 जून, 1997, कोषिक्कोड

नादापुरम मंडलम में भारतीय जनता पार्टी के महासचिव भास्करन मास्टर राष्ट्रीय शिक्षक संघ के पदाधिकारी भी थे। वलयम इलाके में उनका घर एक सुनसान जगह पर था। बरसात की एक रात, एक अज्ञात आदमी उनके घर पानी माँगने आया। दरवाजा खोलने पर भास्करन मास्टर पर उसने हमला बोला और उन्हें उनकी बूढ़ी माँ, पत्नी और बच्चों के सामने मार डाला।

कुमारन

बलिदान—30 जून, 1997, कोषिक्कोड

भारतीय जनता पार्टी के कार्यकर्ता कुमारन खेती किया करते थे। उनकी हत्या बेहद क्रूर तरीके से की गई थी। वास्तव में उनकी हत्या भास्करन मास्टर की हत्या के एक घंटे के भीतर कर दी गई थी।

शिवरामन नायर

बलिदान—9 अगस्त, 1997, कोट्टयम

राष्ट्रीय स्वयंसेवक संघ के दिग्गज शिवरामन आपातकाल के समय से ही अथक परिश्रम कर रहे थे। कांग्रेस के गुंडों ने उन पर हमला किया और उनकी हत्या कर दी।

सी. बिंबी

बलिदान—20 अक्तूबर, 1996, कोट्टयम

अखिल भारतीय विद्यार्थी परिषद् के कार्यकर्ता बिंबी पुतुप्पल्ली के आई.एच.आर.डी. कॉलेज में कंप्यूटर साइंस विषय से ग्रेजुएशन कर रहे थे। क्लास करने के बाद वह चंगनासेरी स्थित अपने घर के लिए बस से निकले थे। वारदात के दिन चंगनासेरी के एन.एस.एस. कॉलेज में वामपंथी समर्थक छात्रों के साथ मामूली हाथापाई हो गई थी। उस झगड़े को लेकर ही सीटू के गुंडों ने बिंबी पर हमला किया, जबकि उनका झगड़े से कोई लेना-देना नहीं था। गुंडों ने लोहे की रॉड से उनके सिर पर वार किया, जिससे बिंबी गिर पड़े और तुरंत बेहोश हो गए।

यह घटना 16 अक्तूबर को हुई। बिंबी को अंदरूनी चोट आई थी, जिससे वह कोमा में चले गए और 20 अक्तूबर को उनकी मौत हो गई।

श्रीधरन

बलिदान—26 सितंबर, 1997, पालक्काड

चेरुप्पलासेरी इलाके में भारतीय जनता पार्टी के कार्यकर्ता श्रीधरन को मार्क्सवादी गुंडों ने उनके घर से अगवा कर लिया और इतनी बुरी तरह मारा कि हैवानियत भी शर्मसार हो जाए। उन्हें जबरन जहर पिलाया गया। कुछ देर बाद उन्हें मरा हुआ समझकर सड़क के किनारे फेंक दिया गया। लेकिन

श्रीधरन जीवित थे और उन्हें अस्पताल ले जाया गया। हालाँकि वहाँ उनकी मौत हो गई। मौत से पहले उन्होंने मजिस्ट्रेट के सामने हमलावरों के खिलाफ अपना बयान दर्ज करा दिया था।

प्रदीप

बलिदान—7 अक्तूबर, 1997, कन्नूर

भारतीय जनता पार्टी के कार्यकर्ता प्रदीप का मार्क्सवादी गुंडों ने कई घंटे तक पीछा किया और फिर उनकी हत्या कर दी। आखिर में उन्होंने उन पर बम फेंका और मौके पर ही मार डाला। इसके बाद भी निर्दयता दिखाते हुए उन्होंने प्रदीप का शव उठाने आए लोगों को ऐसा करने से रोक दिया।

लॉरेंस

बलिदान—22 अक्तूबर, 1997, त्रिशूर

पुदूर पंचायत में भारतीय मजदूर संघ के सक्रिय सदस्य लॉरेंस शकतन तंबुरान बाजार में बोझा ढोने वाले मजदूर थे। दिन भर की कड़ी मेहनत के बाद उस इलाके में खड़ी एक बस में जब वे आराम कर रहे थे, तभी मार्क्सवादी गुंडे बस में घुसे और उनके सिर पर जानलेवा वार कर दिया। उसके बाद उन्होंने पीट-पीट कर उनकी हत्या कर दी।

रामचंद्रन

बलिदान—26 अक्तूबर, 1997, पालक्काड

भारतीय मजदूर संघ के सदस्य रामचंद्रन ओट्टप्पालम के क्षेत्र सचिव थे। बी.एम.एस. के एक कार्यक्रम में हिस्सा लेकर वह घर लौट रहे थे कि अज्ञात लोगों ने उनकी हत्या कर दी। बाद में उनका शव संदिग्ध हालातों में मिला था।

संतोष

बलिदान—24 नवंबर, 1997, कोल्लम

आयत्तिल में राष्ट्रीय स्वयंसेवक संघ के सक्रिय सदस्य संतोष साइकिल पर शाखा से घर लौट रहे थे। कार सवार मार्क्सवादी गुंडों ने उनका पीछा किया और संतोष को टक्कर मार दी। वे साइकिल से दूर जा गिरे। उसके बाद उन्हें पीट-पीटकर मार डाला गया।

गोपी

बलिदान—28 नवंबर, 1997, कासरगोड

कांजंगाड में भारतीय जनता पार्टी के कार्यकर्ता गोपी पर आधी रात के समय सी.पी.आई. (एम) के हमलावरों ने हमला बोला था। इस दौरान मार्क्सवादियों ने कन्हंगड्ड में आतंक का माहौल कायम कर रखा था। उसी दिन उन्होंने बीजेपी जिला अध्यक्ष के घर पर भी हमला किया था।

मुरुगानंदन

बलिदान—9 अप्रैल, 1998, तिरुवनंतपुरम

राष्ट्रीय स्वयंसेवक संघ के सक्रिय स्वयंसेवक मुरागनंदन धनुवाचापुरम स्थित वी.टी.एम. कॉलेज में अखिल भारतीय विद्यार्थी परिषद् के सक्रिय सदस्य थे। मार्क्सवादी गुंडों ने उन पर कॉलेज गेट के पास हमला किया। उन्हें बुरी तरह से पीटा और फिर मार डाला।

मनोज

बलिदान—12 अप्रैल, 1999, कोषिक्कोड

बेपूर में भारतीय मजदूर संघ के सक्रिय सदस्य मनोज को कम्युनिस्ट गुंडों ने अगवा किया और उनकी

हत्या कर दी। कत्ल के बाद उनके शव पर तेजाब डालकर उसे बिगाड़ने का घृणित कृत्य भी किया।

चंद्रमोहन

बलिदान—21 अप्रैल, 1999, कासरगोड

बेड्डका में विश्व हिंदू परिषद् के कार्यकर्ता चंद्रमोहन की हत्या मार्क्सवादी गुंडों ने की थी। उनका शव रस्सी से लटका पाया गया था।

शशि

बलिदान—12 सितंबर, 1999, कन्नूर

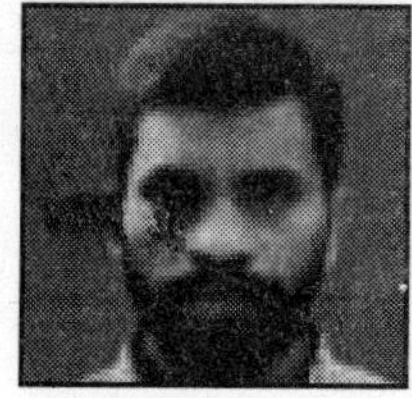

कूत्तुपरंबु के मंबरम में राष्ट्रीय स्वयंसेवक संघ के मंडलम कार्यवाह शशि विजयादशमी कार्यक्रम पर एक बैठक में हिस्सा लेने जा रहे थे, तब मार्क्सवादी गुंडों ने उन पर हमला किया और उन्हें मार डाला।

सतीश

बलिदान—6 अक्तूबर, 1999, आलप्पुषा

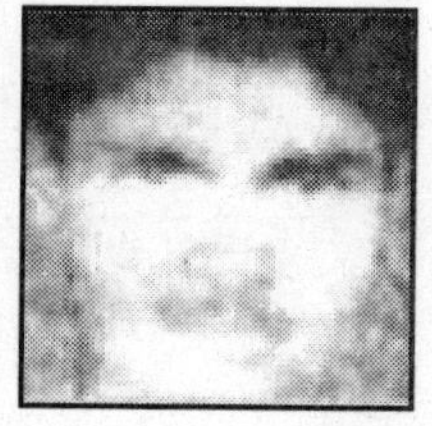

राष्ट्रीय स्वयंसेवक संघ के स्थानीय नेता सतीश ने हरिपाड में अवैध शराब का कारोबार चलाने वालों के खिलाफ कई कार्यक्रम आयोजित किए थे। अधिकारियों तक इस बात को पहुँचाने में उनकी प्रमुख भूमिका थी कि कैसे शराब कारोबारी उस इलाके के गरीबों का शोषण कर रहे हैं। इसका बदला लेने के लिए शराब माफिया और मार्क्सवादी गुंडों ने मिलकर उनकी हत्या कर दी।

पुरुषोत्तमन
बलिदान—1 नवंबर, 1999, कन्नूर

पानूर के चोकिल में भारतीय जनता पार्टी के सक्रिय कार्यकर्ता पुरुषोत्तमन की हत्या मार्क्सवादी गुंडों ने बड़ी बेरहमी से कर दी थी।

कुंजिरामन
बलिदान—3 नवंबर, 1999, कन्नूर

भारतीय जनता पार्टी के कार्यकर्ता कुंजीरमन की हत्या मार्क्सवादी गुंडों ने कन्नूर के पोयलूर में कर दी थी।

प्रकाशन
बलिदान—2 दिसंबर, 1999, कन्नूर

जयकृष्णनन मास्टर की हत्या के बाद कन्नूर में हिंसा की घटनाएँ लगातार होती रहीं। प्रकाशन की हत्या इसी दौरान की गई। कतिरूर में भारतीय जनता पार्टी के इस कार्यकर्ता की मार्क्सवादियों ने पीट-पीटकर हत्या कर दी।

बालन
बलिदान—3 दिसंबर, 1999, कन्नूर

पेरिंगलम विधानसभा में भारतीय जनता पार्टी के कोषाध्यक्ष बालन के घर पर मार्क्सवादी गुंडों ने आधी रात के समय हमला कर दिया। इस संघर्ष में बालन की बेरहमी से हत्या कर दी गई।

उन्नी
बलिदान—25 फरवरी, 2000, त्रिशूर

भारतीय जनता पार्टी के कार्यकर्ता उन्नी की हत्या मार्क्सवादी गुंडों ने चावक्काड के कोंगामुक्का में कर दी थी।

विजयन

बलिदान—27 अप्रैल, 2000, कासरगोड

भारतीय जनता पार्टी के कार्यकर्ता विजयन कुमाबलम में अपने काम पर जा रहे थे। इस सबसे नृशंस हत्याओं में से एक में मार्क्सवादी गुंडे बाइक से आए और तलवार से उनकी गरदन को धड़ से अलग कर दिया।

सुकुमारन

बलिदान—7 जून, 2000, त्रिशूर

कंडश्शेरी पंचायत के राष्ट्रीय स्वयंसेवक संघ के मुख्य शिक्षक सुकुमारन खाड़ी के देश में एक कंपनी में चीफ अकाउंटेंट थे। उन्होंने अपने पैतृक स्थान पर रहने का फैसला किया। यहाँ बसने के दो साल बाद एक दिन वे राशन लाने जा रहे थे, तभी मार्क्सवादी हमलावरों ने उनका रास्ता रोक लिया। उन पर हमला कर उनका कत्ल कर दिया।

चंद्रन

बलिदान—3 दिसंबर, 2000, कन्नूर

कूत्तुपरंबु में भारतीय जनता पार्टी के कार्यकर्ता चंद्रन पर मार्क्सवादी बदमाशों ने हमला किया और उन्हें मार डाला।

चंद्रागंदन

बलिदान—4 दिसंबर, 2000, कन्नूर

कूत्तुपरंबु में भारतीय जनता पार्टी के कार्यकर्ता चंद्रनगथन को मार्क्सवादी गुंडों ने एक हमले में मार डाला था।

बीजू

बलिदान—5 दिसंबर, 2000, कन्नूर

कूत्तुपरंबु में भारतीय जनता पार्टी कार्यकर्ता बीजू पर मार्क्सवादी गुंडों ने हमला किया और उनकी हत्या कर दी। बीजू की हत्या के बाद कूत्तुपरंबु में अगले तीन दिनों तक एक के बाद एक तीन कत्ल हुए।

प्रशांत थइकंडी

बलिदान—2 जनवरी, 2001, कन्नूर

पानूर में भारतीय जनता पार्टी के कार्यकर्ता प्रशांत की हत्या मार्क्सवादी गुंडों ने की थी।

राजेश कोंकाची

बलिदान—3 अप्रैल, 2001, कन्नूर

पानूर में राष्ट्रीय स्वयंसेवक संघ के कार्यकर्ता राजेश की हत्या उस समय मार्क्सवादी गुंडों ने कर दी, जब वे अपनी दादी के अंतिम संस्कार के बाद घर लौट रहे थे। उन पर बम फेंका गया, जिससे वे गंभीर रूप से घायल हो गए। उन गुंडों ने काफी देर तक किसी को भी राजेश को अस्पताल ले जाने से रोके रखा। आखिर में उन्हें भरती भी कराया गया, लेकिन उन्होंने दम तोड़ दिया।

उत्तमन

बलिदान—22 मई, 2002, कन्नूर

चावश्शेरी में राष्ट्रीय स्वयंसेवक संघ के सदस्य उत्तमन पेशे से बस ड्राइवर थे। उनकी ओर से अपने गाँव में चलाई जा रही गतिविधियों ने कई लोगों को प्रेरित किया। इस कारण अनेक लोग जत्थों में राष्ट्रवादी धारा से जुड़ने लगे। यह बात मार्क्सवादियों को नागवार गुजरी और बदले की

कारखाई करते हुए उन्होंने उत्तमन की बस पर बम फेंका। उन्हें खींचकर बाहर निकाला और पीट-पीटकर उनकी हत्या कर दी।

अम्मु अम्मा

बलिदान—23 मई, 2002, कन्नूर

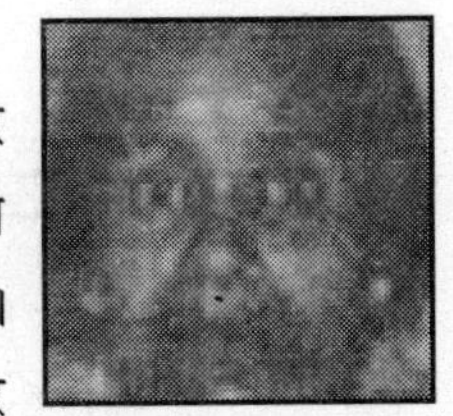

इररिट्टी की रहनेवाली अम्मालु अम्मा, जिन्हें प्यार से अम्मु अम्मा भी कहा जाता था, उत्तमन के अंतिम संस्कार से एक जीप पर सवार होकर घर लौट रही थीं। बम फेंक कर उस जीप को रोका गया और जीप ड्राइवर जजीला मंजिल शिहाब के साथ ही अम्मु अम्मा को मौके पर मार डाला गया। अन्य लोग गंभीर रूप से घायल हो गए।

□

कम्युनिस्टों ने स्कूल टीचर को उनके प्राइमरी क्लास के छात्रों के सामने मार डाला

के.टी. जयकृष्णन मास्टर

बलिदान—1 दिसंबर, 1999, कन्नूर

के.टी. जयकृष्णन कन्नूर जिले में पानूर के समीप कूत्तुपरंबु में मोकेरी ईस्ट यू.पी. स्कूल के शिक्षक थे। वे केरल राज्य के भारतीय युवा जनता मोर्चा के उपाध्यक्ष भी थे।

घटना के दिन 1 दिसंबर, 1999 को सुबह करीब 10.35 बजे जब जयकृष्णन मास्टर छठी कक्षा के छात्रों को पढ़ा रहे थे, तब क्लासरूम के बाहर तैनात उनका बॉडीगार्ड (कम्युनिस्ट अपराधियों से मिल रही धमकियों के बाद राज्य सरकार की ओर से दिया गया) अचानक गायब हो गया। पलक झपकते ही सात सी.पी.आई. (एम) कार्यकर्ता क्लासरूम में घुस आए और नारेबाजी करते हुए छात्रों को चुपचाप बैठे रहने की चेतावनी दी। उन्होंने क्लासरूम के दरवाजे को घेर लिया, अपने हाथों में तलवार, डंडे और उस्तरा लेकर जयकृष्णन मास्टर के करीब आए और धारदार हथियारों से उन पर कई बार वार किए।

जयकृष्णन मास्टर जमीन पर गिर पड़े। लेकिन वहशी मार्क्सवादी अपराधियों ने इस घृणित कारवाई को यहीं नहीं रोका, जिसे वह बहुत खुश

होकर अंजाम दे रहे थे। उन्होंने मास्टर से चाकुओं से गोदना जारी रखा और मौत के बाद भी उनके पूरे शरीर में 48 वार किए गए, जबकि जयकृष्णन मास्टर हमले के पाँच मिनट के भीतर ही दम तोड़ चुके थे।

उनकी मौत की पुष्टि हो जाने के बाद सी.पी.आई. (एम) के हमलावरों में से एक ने ब्लैकबोर्ड पर एक चेतावनी लिखी, जो वहाँ मौजूद चश्मदीदों यानी उन बच्चों और अन्य शिक्षकों के लिए थी कि अगर किसी ने पुलिस या कोर्ट में कोई बयान दिया, तो उनके साथ भी ऐसी ही क्रूरता की जाएगी। इसके साथ ही गुंडे जश्न मनाते हुए वहाँ से जुलूस की शक्ल में निकल गए। अपने हाथों में खून से सने हथियारों को लहराते रहे, मानो किसी बड़ी जीत का जश्न मना रहे हों।

राज्य के इतिहास के इस सबसे वीभत्य हत्याकांड को 11 वर्ष से भी कम उम्र के छात्रों के सामने अंजाम दिया गया। यह इतनी नाजुक उम्र होती है कि किसी घटना का प्रभाव आजीवन बना रहता है। उन मासूमों के मन पर आतंक का एक ऐसा खौफ बैठ गया, जो हमेशा के लिए एक निशान छोड़ गया। उन बच्चों को लंबे समय तक सघन काउंसिलिंग सत्रों में शामिल किया गया, जो कई वर्षों तक चले, ताकि वे उस सदमे से बाहर निकल सकें, जो अपनी आँखों के सामने होनेवाली क्रूरता से उन्हें पहुँचा था।

मार्क्सवादी विचारधारा के मुताबिक जयकृष्णन मास्टर का अपराध एक ऐसी विचारधारा के प्रति उनकी गहरी आस्था थी, जिसे वे बरदाश्त नहीं कर सकते थे। सी.पी.आई. (एम) ने जयकृष्णन मास्टर की हत्या बस इस कारण कर दी, क्योंकि उनकी लोकप्रियता बढ़ती जा रही थी। उन्होंने इस बात का कोई खयाल नहीं रखा कि इतने वीभत्स अपराध को अपनी आँखों के सामने होता देख उन बच्चों को आजीवन किस मानसिक आघात को झेलना पड़ेगा।

1996 में बीजेपी के कन्नूर जिला सचिव पन्नियन चंद्रन की हत्या सी.पी.आई. (एम) के अपराधियों ने उनकी पत्नी के सामने कर दी थी। उनकी हत्या के बाद पार्टी को बहुत बड़ा झटका लगा था। लेकिन जयकृष्णन मास्टर ने जिम्मेदारी सँभाली और कन्नूर में संगठन का नेतृत्व किया, जिसमें पार्टी के 14 पूर्णतया समर्पित कार्यकर्ता भी उनके साथ थे। जयकृष्णन मास्टर के अथक और समर्पित कार्य से कन्नूर में पार्टी की गतिविधियों को काफी ताकत मिली। उन्होंने

एक के बाद एक कई सभाएँ कीं, जिनमें भारी तादाद में लोग जुटा करते थे। उन्होंने कन्नूर जिले में सी.पी.आई. (एम) की आपराधिक गतिविधियों के बारे में लोगों को बताया। जयकृष्णन को मिल रहे भारी जनसमर्थन और समर्पित कार्य से सी.पी.आई. (एम) के जिला नेतृत्व के होश उड़ गए, जिसके बाद उन्होंने उन्हें खत्म करने की योजना बनाई। अनेक अवसरों पर सी.पी.आई. (एम) के स्थानीय नेताओं ने खुली चेतावनी दी और कहा कि जल्दी ही वे अपना अगला शिकार करनेवाले हैं।

के.टी. जयकृष्णन मास्टर स्थानीय लोगों के बीच सबसें सम्मानित व्यक्तियों में से एक थे। अत्यंत मृदुभाषी होने के कारण सभी उनसे प्यार करते थे। उनके भाषण को सुनने भारी संख्या में लोग जुटते थे, चाहे वह केरल के किसी भी हिस्से में हो या विशेष रूप से कन्नूर में। उनके व्यक्तित्व का एक खास गुण था कि जयकृष्णन मास्टर कभी अपने राजनीतिक विरोधियों का अपमान या उपहास नहीं करते थे।

सी.पी.आई. (एम) ने यह अपराध जिस प्रकार किया, उसने न सिर्फ जयकृष्णन मास्टर के रिश्तेदार सन्न रह गए बल्कि पूरे समुदाय को सदमा पहुँचा। निहत्था होते हुए और अपने प्यारे छात्रों को शिक्षित करने के नेक कार्य को करने के दौरान बेरहमी से उनका कत्ल कर दिया गया। खून के प्यारे अपराधियों ने अपराध का समय और स्थान बहुत सोच-समझकर चुना था। वे जानते थे कि वे

उन्हें उनके घर पर या रास्ते में नहीं मार सकते और इस कारण शिक्षा के मंदिर को इस रोंगटे खड़े करनेवाली वारदात के लिए चुना।

पाँच साल तक चली जाँच के बाद एडिशनल सेशन जज और बाद में केरल हाईकोर्ट ने सात में से पाँच आरोपियों को भारतीय दंड संहिता की धारा 302 के तहत मौत की सजा सुनाई। सात आरोपियों में से छठे आरोपी को सत्र न्यायाधीश ने बरी कर दिया। सातवें की मौत ट्रेन से हुई टक्कर में हो गई।

कोर्ट ने सजा की पुष्टि की और कहा कि यह कत्ल एक क्लासरूम में छात्रों के सामने किया गया, जबकि आरोपियों ने अपनी पहचान छुपाने की कोई कोशिश नहीं की। केरल हाईकोर्ट के जज ने बताया कि कैसे आरोपी क्लासरूम में दाखिल हुए और अपने कुकृत्य को अंजाम देने के लिए उन्होंने के. टी. जयकृष्णनन का बेहद क्रूर, वीभत्स, घृणित, पैशाचिक, विद्रोही और नृशंस तरीके से कत्ल कर दिया।

सी.पी.आई. (एम) के कार्यकर्ताओं ने फैसला सुनाए जाने के बाद सत्र न्यायालय और उच्च न्यायालय के सामने विरोध प्रदर्शन किया। उन्होंने जजों के खिलाफ नारे लगाए। यहाँ तक कि उन्हें मार डालने की भी धमकी दी। कुछ समय के भीतर ही कानूनी लड़ाई लड़ने के लिए सी.पी.आई. (एम) ने दो करोड़ रुपयों से भी अधिक की भारी भरकम राशि जुटा ली। सी.पी.आई. (एम) राज्य सचिवालय की सलाह पर सभी पाँच दोषियों ने मौत की सजा के खिलाफ सुप्रीम कोर्ट में अपील की है।

शिमिथ और कुंजमन नारायणन

कोडीकोड—2 जनवरी, 2002 को शहादत

दोनों कोड़ीकोड़ के मराड़ में राष्ट्रीय स्वयंसेवक संघ के कार्यकर्ता थे। इतिहास के पन्नों में शिमिथ और कुंजमन की हत्या को मराड़ के पहले नरसंहार के रूप में दर्ज किया गया है। उनकी हत्या 2 जनवरी को हुई, जब इसलामिक कट्टरपंथियों ने हिंसा का तांडव किया।

6 दिसंबर, 2001 के बाद मराड़ में विवाद और तनाव बेहिसाब बढ़ गया था। हालात बेकाबू हो गए थे और इस्लामी गुंडों ने बेलगाम होकर आर.एस.एस.

और बीजेपी के कार्यकर्ताओं के घरों व नावों को तहस-नहस करना शुरू कर दिया, जो मछुआरे थे और अपने परिवारों के साथ वहाँ रह रहे थे। इसी हिंसा का परिणाम शिमिथ और कुंजमन की हत्या थी।

सुजीथ और सुनील

कन्नूर—2 मार्च, 2002 को शहादत

थलासेरी के मेलूर में राष्ट्रीय स्वयंसेवक संघ के सक्रिय स्वयंसवेक, दोनों ही सी.पी.आई. (एम) के पूर्व सदस्य थे। उनके आर.एस.एस. में शामिल हो जाने के बाद कई मार्क्सवादी कार्यकर्ता राष्ट्रवादी धारा से जुड़ गए। जैसी कि उम्मीद थी, इससे मार्क्सवादी गुंडे बौखला गए और बदला लेने के लिए सुजीथ और सुनील को खत्म करने का फैसला कर लिया। रात को जहाँ दोनों स्वयंसेवक सोते थे, वहाँ हमला किया गया। यह हमला आधी रात को हुआ, जहाँ इन्हें कुल्हाड़ियों और धारदार हथियारों से काट डाला गया। सुनील के बेजान शरीर को दलदल वाले धान के खेत में गहराई में दबा दिया गया।

राजेश

कोल्लम—9 जून, 2002 को शहादत

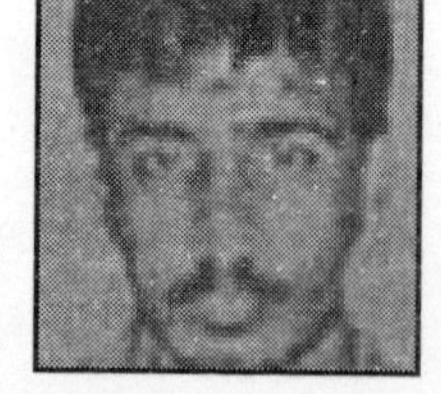

पुनल्लूर में भारतीय जनता पार्टी के कार्यकर्ता राजेश एक ऑटो ड्राइवर थे। मार्क्सवादी गुंडों ने नेताजी रोड के करीबशिवन कोली में उन पर बम फेंका और उनकी हत्या कर दी।

शाजी

कन्नूर—17 नवंबर, 2002

पूर्व सी.पी.आई. (एम) समर्थक, पोट्टाकडन शाजी कूथुपरंबा में राष्ट्रवादी

धारा में आए और राष्ट्रीय स्वयंसेवक संघ में शामिल हो गए। उनके अथक कार्यों की वजह से बड़े पैमाने पर मार्क्सवादी समर्थक राष्ट्रवादी धारा से जुड़ गए। सिर्फ बदले की काररवाई के तहत, यह अनदेखा करते हुए भी कि शाजी के माता-पिता मार्क्सवादी खेमे में ही रहे, पार्टी के गुंडों ने शाजी की हत्या कर दी।

दामोदरन

बलिदान—23 जून, 2003, कासरगोड

राष्ट्रीय स्वयंसेवक संघ के सक्रिय स्वयंसेवक तथा भारतीय डाक संघ के पदाधिकारी रहे। दामोदरन कांजंगाड के पुल्लूर डाकखाने के पोस्टमास्टर कम्युनिस्ट गुंडो ने उनकी नृशंस हत्या कर दी थी।

जयचंद्रन

कोसरगोड—8 सितंबर, 2003 को शहादत

मनिकोठ शाखा के शाखा मुख्य शिक्षक जयचंद्रन की हत्या ओणम के दौरान कर दी गई। उथराडम (थिरुवोनम, त्योहारों के मुख्य दिन से एक दिन पहले), के दिन पुन्नक्कल भवगती मंदिर के पास धारदार हथियारों से काटकर उनकी हत्या कर दी गई।

मणिकंदन

त्रिशर—15 जून, 2004 को शहादत

गुरुवयूर में भारतीय युवा मोर्चा के महासचिव मणकंदन की हत्या एन.डी.एफ. समर्थित इसलामी कट्टरपंथियों ने पेरियांबलम में कर दी।

सुमेश और पीथांबरन

बलिदान—15 मार्च, 2002, आलप्पुषा

मारारिकुलम में राष्ट्रीय स्वयंसेवक संघ के सदस्य सुमेश और पीथांबरन ईसाई कट्टरपंथियों की क्रूरता के शिकार हुए। ईसाई गुंडों ने पहले उनके घरों पर हमला किया और फिर उन्हें खींचकर बाहर निकाला। अब तक के सबसे वीभत्स हत्याकांडों में से एक इस घटना में सुमेश और पीथांबरन के पैर काट डाले गए और फिर दोनों को समंदर में ले जाकर डुबोकर मार डाला गया। पीथांबरन का शव बरामद नहीं किया जा सका। इस हत्याकांड को थइक्कल तट के इलाके में अंजाम दिया गया। इसके बाद ईसाई कट्टरपंथियों ने सिलसिलेवार ढंग से उस इलाके के हिंदू निवासियों के घरों पर हमला कर हिंसा और तोड़फोड़ का तांडव किया। उन्होंने श्रीनारायण गुरुदेवन की प्रतिमा को भी क्षति पहुँचाई, जिसे उस इलाके में स्थापित किया गया था।

मुरुगन

बलिदान—3 जुलाई, 2004, आलप्पुषा

करुकयिल में भारतीय जनता पार्टी के वार्ड अध्यक्ष मुरुगन को एक रात मार्क्सवादी गुंडों ने उस वक्त रोका, जब वे पार्टी संबंधी कार्यक्रम में हिस्सा लेकर लौट रहे थे। धारदार हथियारों से मुरुगन की हत्या कर दी गई। उनकी हत्या का एक आरोपी कथित तौर पर अनुजा मर्डर केस से भी जुड़ा था, जो एक कुख्यात और विवादित केस था, जिसमें एक हिंदू लड़की का धर्मपरिवर्तन कर मुसलिम बनाया गया था। अनुजा की संदिग्ध परिस्थितियों में क्रूरता से हत्या कर दी गई थी। उसका शव पेड़ से लटका मिला था, जबकि उसका सिर काट दिया गया था।

उदयन

बलिदान—17 नवंबर, 2004, त्रिशूर

वाडानपल्ली में भारतीय जनता पार्टी के सदस्य उदयन ऑटो रिक्शा चालक थे। उनकी हत्या एन.डी.एफ. से जुड़े इसलामी कट्टरपंथियों ने बेरहमी से कर दी। कत्ल से कुछ ही दिनों पहले उनकी सगाई हुई थी।

राजन

बलिदान—1 फरवरी, 2005, कोषिक्कोड

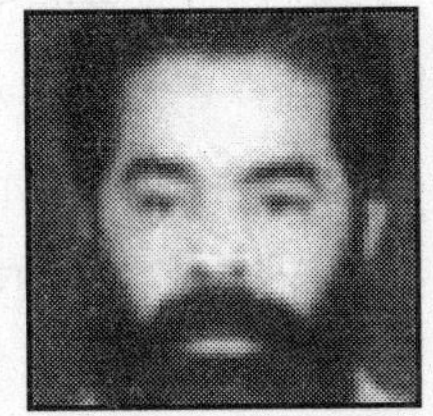

भारतीय जनता पार्टी के कार्यकर्ता राजन पेशे से पेंटर थे। नादापुरम के अरूर स्थित उनके घर पर मार्क्सवादी गुंडों ने दिन के उजाले में 8 दिसंबर की दोपहर हमला किया था। लंबे समय तक अस्पताल में भरती रहने के बाद राजन ने दम तोड़ दिया।

बिजी

बलिदान—1 जून, 2005, आलप्पुषा

आर्याट में भारतीय जनता पार्टी के कार्यकर्ता बीजी को आधी रात के समय मार्क्सवादी गुंडों ने चाकुओं से गोद-गोदकर मार डाला। 12 जून की रात मार्क्सवादी गुंडों ने उनके घर पर हमला किया था। यह एक ही महीने में बीजी के घर पर हुआ तीसरा हमला था।

टी. अश्विनी कुमार

बलिदान—10 मार्च, 2005, कन्नूर

कन्नूर में राष्ट्रीय स्वयंसेवक संघ के जिला बौद्धिक प्रमुख अश्विनी कुमार एक प्रसिद्ध वक्ता थे, जिन्हें पुराणों का अच्छा-खासा ज्ञान था। वे इरिट्टी के

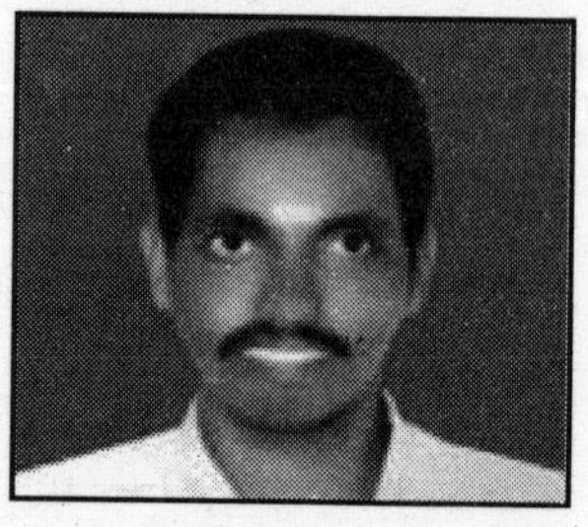

प्रगति परालेल कॉलेज में शिक्षक थे। एन.डी.एफ. के नेतृत्व वाले इसलामी कट्टरपंथियों ने बेरहमी से उनकी हत्या कर दी थी। अश्विनी कुमार एक बस में सफर कर रहे थे, हमलावरों ने उसे रोकने के लिए उस पर बम फेंक दिया। उन्हें बस से खींचकर बाहर निकाला गया और चाकू मारकर हत्या कर दी गई। उनका चेहरा बिगाड़ दिया गया, ताकि पहचान न हो सके। उनके अंतिम संस्कार में 1000 लोग शामिल हुए, जो उनकी बढ़ती लोकप्रियता का प्रमाण है।

□

मराड नरसंहार : 'कट्टरपंथी और आतंकवादी संगठनों की संलिप्तता के साथ, एक स्पष्ट सांप्रदायिक षड्यंत्र'

2 जनवरी, 2002 को कोषिक्कोड के मराड तट पर एन.डी.एफ. के नेतृत्व वाले इसलामी कट्टरपंथियों ने मुसलिम लीग के कार्यकर्ताओं की सहायता से भारतीय जनता पार्टी के कार्यकर्ताओं शिम्जिथ और कुंजुमोन नारायणनन की हत्या कर दी थी। इसके बाद पूरा इलाक तनावग्रस्त हो गया। 2 मई, 2003 की रात एक बार फिर समस्या खड़ी हो गई, जब रात के समय लगभग सौ हथियारबंद इसलामी कट्टरपंथी नावों में सवार होकर यहाँ पहुँचे। एक और बड़ा गैंग मराड जुमा मसजिद के बाहर एक घर से निकलकर बाहर आया। तलवारों और कुल्हाड़ों लैस, हाथों में जिलेटिन भरे कोक के कैन लेकर वे चारों दिशाओं में फैल गए और फिर ऐसा आतंक मचाया कि मछली पकड़कर लौटने के बाद तट पर

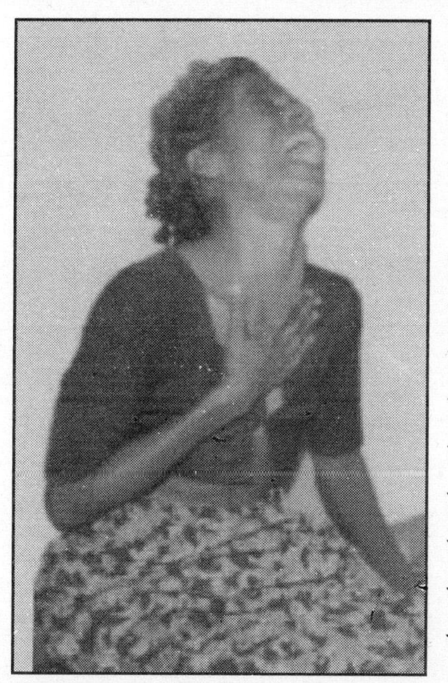

चंद्रन दसन गोपालन कृष्णन

माधवन प्रजीश पुष्पराज संतोष

आराम कर रहे भारतीय जनता पार्टी के आठ कार्यकर्ताओं की न सिर्फ हत्या की बल्कि उन्हें पहचाने जाने लायक भी नहीं छोड़ा। चंद्रन, दसन, गोपालन, कृष्णन, माधवन, प्रजीश, पुष्पराज और संतोष की हत्या कर दी गई। उनके गुप्तांग तक काटकर निकाल लिये गए। हत्यारे स्थानीय जुमा मसजिद में जाकर छिप गए। (मराड कमीशन रिपोर्ट के मुताबिक, कोषिक्कोड पुलिस कमिश्नर की ओर तैयार नोट में बताया गया है कि सैकड़ों मुसलिम महिलाएँ मसजिद के बाहर इकट्ठा हो गईं, ताकि पुलिस को उन दंगाइयों को गिरफ्तार करने के लिए अंदर दाखिल न हो सके।)

उन दंगाइयों ने भारी तादाद में लोगों को मौत के घाट उतारने के लिए बम भी फेंके। हालाँकि बम नहीं फटे। मराड मसजिद में भारी संख्या में तलवार, चाकू और बमों को इकट्ठा किया गया था, जिन्हें बाद में पुलिस ने जब्त किया। यह जखीरा पहले से ही नरसंहार के मकसद से इकट्ठा कर लिया गया था।

मराड नरसंहार ने राज्य में तेजी से बढ़ते धार्मिक कट्टरवाद को सामने ला दिया, जिसके प्रति जाँच एजेंसियों का रवैया बेहद लापरवाही भरा था। जाँच के दौरान 17 बम समेत भारी संख्या में हथियार बरामद किए गए। पूर्व पुलिस

कमिश्नर के मुताबिक, ''यह एक ठोस संगठन के द्वारा किया गया ऑपरेशन था। यह एक तेज और अचानक हुआ हमला था, जो 10 मिनट में पूरा हो गया। यह हमला एक विशेष समुदाय द्वारा किया गया था।'' पुलिस ने नरसंहार के दो दिन बाद स्थानीय जुमा मसजिद से विस्फोटक और हथियार बरामद किए। केरल क्राइम ब्रांच की एक विशेष जाँच टीम ने 147 लोगों के खिलाफ चार्जशीट दाखिल की, जो इस घटना में या इसकी साजिश में शामिल थे। इस नरसंहार के खिलाफ लोगों में भारी रोष था, जिसके बाद न्यायिक जाँच की माँग लगातार की जाती रही। इस दबाव के बाद ए.के. एंटनी के नेतृत्व वाली यू.डी.एफ. सरकार ने थॉमस पी. जॉसेफ (जिला और सत्र न्यायाधीश) को जाँच आयोग का अध्यक्ष नियुक्त किया। आयोग ने अपनी रिपोर्ट फरवरी 2006 में सौंपी, जिसे एल.डी.एफ. सरकार ने सितंबर 2006 में सदन के सामने रखा।

न्यायिक आयोग के मुताबिक यह स्पष्ट था कि ''यह एक सांप्रदायिक षड्यंत्र था, जिसमें कट्टरपंथी और आतंकवादी संगठन शामिल थे।'' आयोग ने दंगों में विदेशी एजेंसियों का हाथ होने की जाँच के लिए, केंद्रीय अन्वेषण ब्यूरो (सी.बी.आई.) से भी जाँच कराने की सिफारिश की।

सूरज

बलिदान—7 अगस्त, 2005, कन्नूर

सी.पी.आई. (एम) के एक पूर्व सदस्य सूरज राष्ट्रीय स्वयंसेवक संघ में 2002 में शामिल हुए। उनकी गतिविधियाँ मुषप्पिलंगाड के आसपास केंद्रित थीं, जहाँ उन्होंने सैकड़ों मार्क्सवादी युवकों को राष्ट्रीय धारा में लाने का काम किया था। 2004 में सूरज पर मार्क्सवादी अपराधियों ने हमला किया था, जिसमें वह गंभीर रूप से घायल हो गए थे। हालाँकि वह जब इससे पूरी तरह ठीक होनेवाले थे कि तभी दंगाइयों ने उन पर फिर हमला किया और मौत के घाट उतार दिया।

प्रेमन

बलिदान—27 नवंबर, 2005, कन्नूर

मुषिक्करा में भारतीय जनता पार्टी की बूथ समिति के अध्यक्ष प्रेमन पर 13 अक्तूबर, 2005 की सुबह मार्क्सवादी गुंडों ने मुषिक्करा बाजार में हमला किया और गंभीर रूप से घायल कर दिया। वे इलाज करा रहे थे, लेकिन 27 नवंबर को जख्मों से जंग लड़ते हुए उनकी मौत हो गई।

प्रेमन एक निर्भीक और साहसी व्यक्ति थे, जिन पर पहले भी पाँच बार हमले हो चुके थे। इसके बावजूद उन्होंने बिना डरे आखिरी साँस तक अपना काम जारी रखा।

सत्येश

बलिदान—3 जनवरी, 2006, त्रिशूर

कोडुंगल्लूर में भारतीय जनता पार्टी म्यूनिसिपल एरिया के पदाधिकारी सत्येश ने इलाके में पार्टी का आधार तैयार करने में अहम भूमिका निभाई। 3 जनवरी को दिनदहाड़े उनकी हत्या कर दी गई।

उनकी हत्या से पहले कूत्तुपरंबु वार्ड में नगरपालिका के चुनावों में बीजेपी ने सी.पी.आई. (एम) को हरा दिया था, और इस उपलब्धि के पीछे सत्येश ही थे। इससे मार्क्सवादी तिलमिला गए और बदले के लिए उन्होंने हत्या के चिरपरिचित हथियार का फिर से इस्तेमाल किया।

सुनील कुमार

बलिदान—9 नवंबर, 2006, तिरुवनंतपुरम्

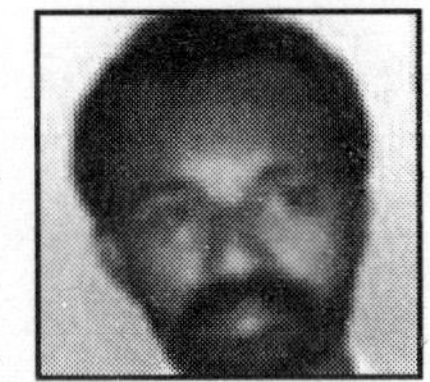

तिरुवनंतपुरम् में राष्ट्रीय स्वयंसेवक संघ के जिला सेवा प्रमुख सुनील अपनी आजीविका के लिए समाचार-पत्र के एजेंट का काम करते थे। उन्हें हर दिन अखबार लाने के लिए किलिमानूर जाना पड़ता था। ऐसे ही एक दुर्भाग्यपूर्ण दिन एन.डी.एफ. के नेतृत्व वाले इसलामी कट्टरपंथी गुंडों ने उनकी हत्या कर दी। उनके अंतिम संस्कार में हजारों लोग शामिल हुए, जो इसका प्रमाण है कि अपने इलाके में उन्हें लोग कितना चाहते थे।

बीजू

बलिदान—1 दिसंबर, 2006, तिरुवनंतपुरम्

वट्टियूरकावु में भारतीय जनता पार्टी के कार्यकर्ता बीजू एक रक्तदान शिविर में हिस्सा लेकर घर लौट रहे थे। रास्ते में मार्क्सवादी गुंडों ने उनका रास्ता रोका और उन पर हमला कर दिया। दिन के उजाले में ही उनकी हत्या कर दी गई।

पी.एस. सुजित्

बलिदान—17 दिसंबर, 2006, त्रिशूर

भारतीय जनता पार्टी के सक्रिय कार्यकर्ता सुजित् एंगाडियुर में कार्य कर रहे थे। सी.पी.आई. (एम) के गुंडों ने उनकी हत्या कर दी।

रवि

बलिदान—20 जनवरी, 2007, मलप्पुरम

तिरुनावाया में राष्ट्रीय स्वयंसेवक संघ के खंड कार्यवाह रवि शनिवार की उस मनहूस रात को अपने घर लौट रहे थे, जब एन.डी.एफ. समर्थित इसलामी कट्टरपंथियों ने उनका रास्ता रोका, जो बाइक पर सवार थे। गुंडों ने बेहद क्रूर तरीके से धारदार हथियारों से उनका कत्ल कर दिया।

शाजु

बलिदान—12 फरवरी, 2007, त्रिशूर

कोडकरा इलाके के भारतीय मजदूर संघ के संयुक्त सचिव, शाजु कल्लेटिंकरा में केरल खाद्य निगम के गोदाम में मजदूरी करते थे। सी.पी.आई. (एम) के गुंडों ने चालबाजी दिखाते हुए उन्हें उस समय घेरा, जब वे अपने कमरे में काम करनेवाले कपड़े पहन रहे थे। मौके पर ही उनकी हत्या कर दी गई।

एडवोकेट वलसराज कुरुप

बलिदान—5 मार्च, 2007, कन्नूर

पेरिंगलम में भारतीय जनता पार्टी मंडल समिति के सदस्य वलसराज तलश्शेरी बार में वकालत करते थे। एक रात सी.पी.आई. (एम) के गुंडे एक केस पर चर्चा के बहाने पहचान छिपाकर उनके घर पहुँचे। उन्हें बातचीत में उलझाकर दंगाइयों ने उनके सिर पर वार किया और चाकू से गोदकर उनकी हत्या कर दी।

लक्ष्मणन

बलिदान—16 मार्च, 2007, मलप्पुरम

राष्ट्रीय स्वयंसेवक संघ के कार्यकर्ता तानूर के ओट्टुंगल में एक दुकान

चलाते थे। लक्ष्मणन की हत्या एन.डी.एफ. समर्थित इसलामी कट्टरपंथियों ने की थी। वे दो बाइकों पर सवार होकर मौका-ए-वारदात पर पहुँचे थे। उन्होंने शाम के समय उनकी दुकान पर उन्हें हमले का शिकार बनाया। बेरहमी से उनकी हत्या कर दी गई। इसलामी गुंडों ने बहुत कम समय में मलप्पुरम में यह दूसरी हत्या की थी।

चंद्रन

बलिदान—20 अप्रैल, 2007, आलप्पुषा

साल 2007 के अप्रैल महीने में आलप्पुषा में तनाव व्याप्त था। वल्लीकुन्नम कडावीनाल नेडीयथ चैत्रम वेट्टिल चंद्रन, जो चारुम्मूड तालुक में राष्ट्रीय स्वयंसेवक के कार्यवाह की भूमिका निभा रहे थे, वे उन स्वयंसेवकों के घरों में जाया करते थे, जिन्हें मार्क्सवादी गुस्से का शिकार होना पड़ा था। इससे भड़के मार्क्सवादी गुंडों ने उन पर हमला किया और धारदार हथियार से उनकी हत्या कर दी।

चंद्रन की हत्या क्रूरतम तरीके से की गई थी और उनकी माँ ने जब अपने बेटे के क्षत-विक्षत शव को देखा तो सदमे से वहीं गिर पड़ीं।

प्रमोद

बलिदान—16 अगस्त, 2007, कन्नूर

तलश्शेरी में राष्ट्रीय स्वयंसेवक संघ के कार्यकर्ता प्रमोद की हत्या कम्युनिस्ट गुंडों ने की थी। हत्या की योजना सुनियोजित तरीके से बनाई गई थी, जबकि इस अपराध के पीछे कोई कारण नहीं था। वास्तव में कन्नूर में पूरी शांति थी और विरोधी गुटों के बीच कोई विवादित मुद्दा नहीं था। हालाँकि एक बेबुनियाद बहाना बनाया गया और उसे बढ़ा-चढ़ाकर हत्या का साधन बना दिया गया।

सुनील

बलिदान—22 अक्तूबर, 2007, त्रिशूर

कोडंगल्लूर में भारतीय जनता पार्टी के कार्यकर्ता सुनील की हत्या डी. वाई.एफ.आई. के गुंडों ने बेरहमी से कर दी थी।

विनोद कुमार

बलिदान—2 नवंबर, 2007, तिरुवनंतपुरम

मनालयम में राष्ट्रीय स्वयंसेवक संघ के कार्यकर्ता विनोद पर कथित इसलामी कट्टरपंथियों के समूह ने हमला किया। चडायमंगलम के मनालयम जंक्शन के पास पहले उन्हें चार लोगों ने धक्का देकर गिराया और फिर बाइक से उनका पीछा किया। गंभीर चोट आने के कारण विनोद ने उसी दिन दम तोड़ दिया।

विनोद

बलिदान—23 दिसंबर, 2007, आलप्पुषा

राष्ट्रीय स्वयंसेवक संघ वल्लीकुन्नम मंडल शारीरिक शिक्षण प्रमुख विनोद बाइक से अपने घर लौट रहे थे। एन.डी.एफ. समर्थित इसलामी गुंडों ने अपनी बाइक से उनका पीछा किया और उन पर हमला कर दिया। जान बचाने के लिए विनोद भागे और एक घर में शरण ली। लेकिन उन्हें वहाँ से खींचकर बाहर निकाला गया और उसी घर के अहाते में मार डाला गया।

निखिल

बलिदान—5 मार्च, 2008, तलश्शेरी

निखिल की हत्या वह पहली हत्या थी, जिसे मार्क्सवादी गुंडों ने तलश्शेरी के राष्ट्रीय स्वयंसेवक संघ तालुक शारीरिक शिक्षण प्रमुख सुमेश की हत्या के बाद इलाके में आतंक का तांडव मचाने के क्रम में अंजाम दिया था। निखिल भारतीय

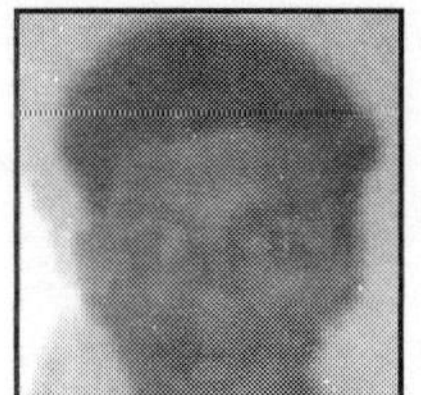

जनता पार्टी के सक्रिय सदस्य थे, जो ट्रक पर क्लीनर का काम कर अपने परिवार का अकेले ही भरण-पोषण कर रहे थे। उन्हें उनके ट्रक से खींचकर नीचे उतारा गया और बेरहमी से उनकी हत्या कर दी गई।

2007 में शिवरात्रि के दिन सुमेश सेवा निधि इकट्ठा कर घर लौट रहे थे, जब उनका सामना मार्क्सवादी गुंडों से हुआ। उस हिंसा में सुमेश गंभीर रूप से घायल हो गए, जिसमें उनकी हथेली को काट डाला गया और चेहरे को हथियारों से गोद दिया गया। सुमेश पर बिना कारण दिनदहाड़े किए गए हमले के बाद अगले दो दिनों तक मार्क्सवादियों ने एक के बाद एक कई हत्याएँ कीं। कुल मिलाकर भारतीय जनता पार्टी और राष्ट्रीय स्वयंसेवक संघ के पाँच कार्यकर्ताओं की हत्या कर दी गई।

सत्यन

बलिदान—5 मार्च, 2008, कन्नूर

सुमेस पर हुए भयंकर हमले के बाद सत्यन मार्क्सवादी क्रूरता के अगले शिकार थे। गुंडों ने उन्हें अगवा कर लिया और घंटों तक एक वाहन के अंदर मार्क्सवादी तरीके से टॉर्चर करते रहे। इस यातना के बाद उनकी हत्या बेहद घिनौने तरीके से कर दी गई। मार्क्सवादी गुंडों ने तालिबानी स्टाइल में उनका सिर धड़ से अलग कर दिया।

महेश

बलिदान—6 मार्च, 2008, कन्नूर

सी.पी.आई. (एम) के गुंडों ने निखिल और सत्यन की हत्या से आतंक का जो माहौल कायम किया, उसी कड़ी में महेश को अगला शिकार बनाया गया। भारतीय जनता पार्टी के निष्कपट कार्यकर्ता महेश के कुछ दोस्त मार्क्सवादी विचारधारा के समर्थक थे। जान-पहचान का

फायदा उठाकर वे उनके घर पहुँचे और दोस्ताना बातचीत के लिए घर से बाहर बुलाया। भेड़िए की खाल ओढ़कर आए उनके दोस्तों ने ही बेरहमी से उनकी हत्या कर दी।

सुरेश बाबू

बलिदान—7 मार्च, 2008, कन्नूर

तलश्शेरी में मार्क्सवादी गुंडों द्वारा किए गए रक्तपात का चौथा शिकार थे सुरेश बाबू। सुरेश के घर पर सुबह के समय धावा बोला गया और उन्हें घर से घसीटकर बाहर निकाला गया और फिर उन्हें उनके घर के अहाते में ही मार डाला गया।

सुरेंद्रन

बलिदान—7 मार्च, 2008, कन्नूर

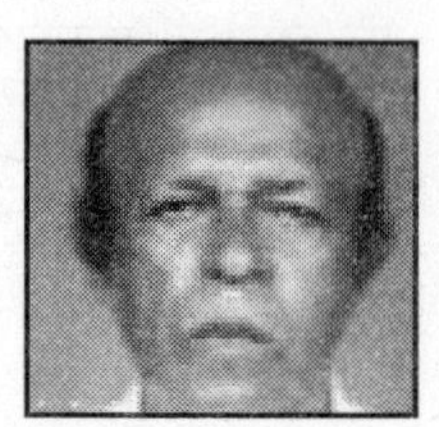

रक्तपात की इस श्रृंखला के अंत में मार्क्सवादी गुंडों ने आखिरी हमला 62 वर्षीय सुरेंद्र के घर पर किया। वे भारतीय जनता पाटी के कार्यकर्ता थे। बिस्तर पर पड़े सुरेंद्र की धारदार हथियार से हत्या कर दी गई।

हिंसा के लिए मार्क्सवादियों की प्यास को पूरे देश ने देखा और देश भर में लेफ्ट ब्रिगेड के खिलाफ विरोध प्रदर्शन किए गए। इसके बाद ही लाल ब्रिगेड ने अपनी ओर से खेली जा रही खून की होली को बंद किया।

संदीप

बलिदान—14 अप्रैल, 2008, कासरगोड

भारतीय जनता पार्टी के कार्यकर्ता संदीप की हत्या इसलामी कट्टरपंथियों ने विशु की शाम को की थी। नेल्लिक्कुन्नु बीच रोड पर धारदार हथियार से उनकी हत्या कर दी गई।

रमेश

बलिदान—9 अप्रैल, 2008, त्रिशूर

भारतीय जनता पार्टी के कार्यकर्ता रमेश की हत्या वाडानपल्ली के पास टालीकुलम में की गई थी। टालीकुलम के कम्युनिस्ट-जिहादी गठजोड़ वाले हिट गैंग ने उनकी हत्या धारदार हथियारों सी की थी। उनके भाई राजेश भी इस हमले में गंभीर रूप से घायल हुए थे।

एडवोकेट सुहास

बलिदान—16 अप्रैल, 2008, कासरगोड

भारतीय मजदूर संघ के जिला उपाध्यक्ष एडवोकेट सुहास के दफ्तर पर हमला उस दौरान हुआ, जब संदीप की हत्या के बाद कासरगोड का माहौल हिंसक बना हुआ था।

अयोध्या आंदोलन के दौरान एडवोकेट सुहास के पिता एडवोकेट मंझप्पा पर इसलामी कट्टरपंथियों ने जानलेवा हमला किया था।

□

हिंसा की कम्युनिस्ट विरासत

—तरुण विजय
सदस्य, राज्यसभा

वामपंथी हिंसा की बर्बरता अकसर तालिबानियों से होड़ लगाती दिखती है, जो शहीद किए गए राजनीतिक विरोधियों के परिजनों पर मिथ्या और बेबुनियाद आरोप लगाकर लगातार प्रताड़ित करते रहते हैं।

भारत धार्मिक और अधार्मिक तत्त्वों के बीच एक जंग के दौर से गुजर रहा है। यह जंग कश्मीर से छत्तीसगढ़, पूर्वोत्तर और खास तौर पर केरल में छिड़ी है, जिसे 'गॉड्स ओन कंट्री' कहा जाता है।

यह उन लोगों के खिलाफ एक युद्ध है, जो भारत की सभ्यता से जुड़े मूल्यों का समर्थन करते हैं और सदियों से विदेशी आक्रमणकारियों के बर्बर तौर-तरीकों के खिलाफ संघर्ष करते रहे हैं। बाहरी आवरण भले ही बदल गया हो, लेकिन हिंदू धार्मिक समाज और परंपराओं के शत्रुओं का उद्देश्य जस-का-तस है, उन सारी चीजों को मिटा देना, जिनमें यहाँ की मिट्टी की खुशबू है और सोच को बदलकर विदेशी, गैर-भारतीय विचारधारा को थोपना। यह वही औपनिवेशिक कुटिल सोच है, जिसने लोगों के एक हिस्से को अपने ही भाइयों के खिलाफ खड़ा करने और आतंक का राज कायम करने का काम किया है।

यह संविधान की ओर से प्रत्येक नागरिक को मिली स्वतंत्रता का खुला उल्लंघन है तथा लोकतंत्र-विरोधी और बहुलवाद-विरोधी मानसिकता को दरशाता है।

सिर्फ विदेशी विचारधारा और उससे जुड़ी मानसिकता ही जहर नहीं घोल रही है बल्कि धन और रणनीतिक प्रशिक्षण में भी विदेशी रंग घुला है। हिंदुओं की शांतिप्रिय, प्रगतिशील और सांस्कृतिक धारा पर नाजियों के समान घृणा करनेवाले ब्रिगेडों और स्टालिनवादी तथा पोल पोट के युग की तरह क्रूर गुरिल्लाओं द्वारा बिना किसी उकसावे के हमले किए जा रहे हैं।

आई.एस.आई.एस. के साथ होड़ लगाता वामपंथी कम्युनिस्ट आतंकवाद भारतीय नागरिकों की सुरक्षा और मानवाधिकारों के लिए बहुत बड़ा खतरा बन गया है। विडंबना यह है कि न तो संसद् के भीतर और न बाहर, कम्युनिस्ट तर्ज के आतंकवाद के मुद्दे को उठाने और उस पर चर्चा करने की इजाजत दी गई है, ताकि इसे जड़ से मिटाने पर आम राय बन सके।

दक्षिणी राज्य केरल इस वैचारिक आतंकवाद का शिकार बन गया है और इन गैर-भारतीय तत्त्वों ने राज्य को राजनीतिक रक्तपात की धरती बना दिया है। देशभक्त युवा भारतीयों की चुन-चुनकर की जा रही हत्या लेफ्ट अतिवादियों, इसलामी कट्टरपंथियों और कट्टरपंथी इंजीलवादियों के बीच नापाक गठजोड़ की ओर इशारा करता है।

वापमंथी हिंसा की बर्बरता अकसर तालिबानियों से होड़ लगाती दिखती है, जो शहीद किए गए राजनीतिक विरोधियों के परिजनों पर मिथ्या और बेबुनियाद आरोप लगाकर लगातार प्रताड़ित करते रहते हैं।

1957 के बाद से ही, जब केरल में सी.पी.एम. नेता ई.एम.एस. नंबूदीरिपाद क नेतृत्व में पहली कम्युनिस्ट सरकार बनी थी, इस वैचारिक हिंसा ने आर.एस.एस., ए.बी.वी.पी., वी.एच.पी. और जनसंघ-बीजेपी कार्यकर्ताओं के खिलाफ अपनी जड़ें जमा लीं। सी.पी.आई. और सी.पी.आई. (एम) ने यह सुनिश्चित करने में कोई कसर बाकी नहीं रखी है कि केरल भारत में राजनीतिक हत्याओं की लिस्ट में पहले नंबर पर पहुँच जाए। विरोधी विचारधारा का पालन करनेवाले सदस्यों को निर्दयता से शिकार बनाया गया है। उदाहरण के लिए जयकृष्ण मास्टर जैसे शिक्षाविद् की हत्या सत्ताधारी मार्क्सवादी पार्टी के सदस्यों

ने मासूम छात्रों के सामने कर दी, जिनकी उम्र नौ और दस साल थी और जो छठी कक्षा में पढ़ रहे थे! यह सिर्फ इस कारण किया गया, क्योंकि उन्होंने एक राष्ट्रवादी पार्टी का साथ दिया था।

इसके साथ ही राज्य में वामपंथी राजनीतिक षड्यंत्र भी चलते रहे, जिसके कारण केरल के अनेक शैक्षणिक संस्थानों और विश्वविद्यालय परिसरों पर असहनशीलता का एक बदनुमान दाग लग गया है। वास्तव में हिंसा और मारकाट की जिस विचारधारा को वामपंथी राजनीतिक समूहों ने आगे बढ़ाया, उसने लेफ्ट विचारों की ओर से उठाई जा रही एक विचित्र 'अभिव्यक्ति की स्वतंत्रता' को जन्म दिया है। केरल के शैक्षणिक संस्थानों के परिसरों में इसका मजा किस प्रकार लिया जा रहा है, यह सब जानते हैं।

मैं उन सभी लोगों के प्रयासों को सलाम करता हूँ, जिन्होंने इसे संभव बनाया और उम्मीद करता हूँ कि बलिदानियों की यह गाथा राष्ट्र को हिंसक कृत्यों के खिलाफ उठ खड़ा होने की प्रेरणा देगी तथा उग्रवाद को परास्त कर उस राज्य में शांति और सद्भाव स्थापित करेगी, जो सच में 'गॉड्स ओन कंट्री' है। भारतमाता के लिए अपने प्राणों की आहुति देने वाले सारे बलिदानियों को हमारी श्रद्धांजलि और शत-शत नमन।

सुरेश

बलिदान—9 मई, 2008, पालक्काड

9 मई को कल्लनडिचेल्ला में भारतीय जनता पार्टी के कार्यकर्ता सुरेश की मार्क्सवादी गुंडों ने हत्या कर दी थी। मार्क्सवादी गुंडे चित्तूर के कोझिनछापरा में मंदिर में होनेवाले उत्सव में विघ्न डालने पहुँचे थे। उन्होंने सुरेश की हत्या महज इस कारण कर दी, क्योंकि उसने उनकी मंशा पर सवाल खड़ा किया था।

अरुचामी

बलिदान—21 जुलाई, 2008, पालक्काड

मलंपुषा में भारतीय जनता पार्टी के स्थानीय नेता अरुचामी पार्टी की

एक बैठक के बाद रात को घर लौट रहे थे। रात में ही सी.पी.आई. (एम) के गुंडों ने उन पर हमला कर दिया। बाद में अस्पताल में उनकी मौत हो गई।

बैजू

बलिदान—21 अगस्त, 2008, त्रिशूर

पावरत्ती में भारतीय जनता पार्टी के स्थानीय नेता बैजू एक टैक्सी ड्राइवर थे। घटना की रात करीब के एक पेट्रोल पंप पर डीजल भरवाते समय एन.डी.एफ. के इसलामी कट्टरपंथियों ने उन पर हमला बोल दिया। कुछ दिनों बाद अस्पताल में उन्होंने दम तोड़ दिया।

अनूप

बलिदान—11 अक्तूबर, 2008, कन्नूर

राष्ट्रीय स्वयंसेवक संघ के सक्रिय सदस्य अनूप पर सी.पी.आई. (एम) के गुंडों ने तलश्शेरी में बम फेंककर हमला कर दिया। वे अपने दोस्त के घर से लौट रहे थे। मौके पर ही उनकी मौत हो गई।

वह इलाका इससे पहले शांतिपूर्ण था। विजयादशमी की धूम थी। संघ ने एक रूट मार्च निकाला था, जिसमें काफी लोग शामिल हुए थे। संघ के आयोजन में भारी भीड़ से मार्क्सवादी गुंडे बौखला गए और बदला लेने का मन बना लिया और वामपंथियों ने अपने गुस्से का शिकार अनूप को बनाया।

रंजीथ

बलिदान—17 अक्तूबर, 2008, तिरुवनंतपुरम्

मन्नंतला मंडल शारीरिक शिक्षण प्रमुख रंजीथ मन्नमथाला में सब्जी की दुकान चलाते थे। एक दिन सुबह में दुकान खोलते समय सी.पी.आई. (एम) के गुंडों ने उन

पर हमला किया और उनकी हत्या कर दी। यह इतनी नृशंस हत्या थी कि शव को भी क्षत-विक्षत कर दिया गया था।

विनोद

बलिदान—19 नवंबर, 2008, त्रिशूर

तिरुनेल्लूर में राष्ट्रीय स्वयंसेवक संघ के पूर्व मंडल कार्यवाह अरक्कल विनोद की हत्या मार्क्सवादी गुंडों और इस्लीमी कट्टरपंथियों ने पावरत्ती में पडूर के कैथमक्कू में कर दी थी। वीनू की मौके पर ही मौत हो गई। हमलावर जिस कार से आए थे, उसे जान-बूझकर उस बाइक से टकरा दिया, जिस पर कैथमक्कू जा रहे वीनू सवार थे। इस दुर्घटना के बाद वीनू ने बाइक छोड़कर भागने का प्रयास किया, लेकिन हमलावरों ने पीछा किया और बेहद अमानवीय तरीके से चाकुओं से गोद-गोद कर मार डाला।

सिजू

बलिदान—10 मार्च, 2009, कन्नूर

मालूर पंचायत के राष्ट्रीय स्वयंसेवक संघ के कार्यकर्ता तनूर सीजू सी.पी.आई. (एम) के खूनी गुंडों के हमले का शिकार हुए।

विनयन

बलिदान—12 मार्च, 2009, कन्नूर

राष्ट्रीय स्वयंसेवक संघ के एक सक्रिय कार्यकर्ता विनयन पेशे से बोझा ढोने का काम करते थे। काम के बाद एक दुकान में आराम करते समय मार्क्सवादी गुंडों ने उन पर हमला कर दिया। बुरी तरह से जख्मी विनयन को तलश्शेरी अस्पताल ले जाया गया, जहाँ उनकी मौत हो गई।

सजित्

बलिदान—27 अप्रैल, 2009, कन्नूर

मट्टन्नूर में भारतीय जनता पार्टी के कार्यकर्ता सजीथ पहले सी.पी.आई. (एम) के कार्यकर्ता थे। राष्ट्रवादी विचारधारा से जुड़ने के दो साल बाद मार्क्सवादियों ने बेरहमी से उनकी हत्या कर दी। एक प्राइवेट बस में ड्राइवर का काम करनेवाले सजीथ अपने दोस्त बीजू के साथ, जो बीजेपी के ही कार्यकर्ता थे, शादी के एक रिसेप्शन से घर लौट रहे थे। आधी रात के समय सी.पी.आई. (एम) के गुंडों ने दोनों का रास्ता रोक लिया। इसके बाद बेहिसाब हिंसा हुई। सजीथ जानलेवा हमले का शिकार हुए और वहीं दम तोड़ दिया। बीजू भी गंभीर रूप से घायल हुए, लेकिन किस्मत से बच निकले।

शिनोज और विजित्

बलिदान—28 मई, 2010, कन्नूर

माही वार्ड कमेटी के अध्यक्ष भारतीय जनता पार्टी के विजित् और माही वार्ड कमेटी के सचिव शिनोज राष्ट्रीय स्वयंसेवक संघ की गतिविधियों में पूरे मन से जुटे हुए थे। उस मनहूस दिन दोनों मोटर बाइक से जा रहे थे, जब मार्क्सवादी गुंडों ने उन पर हमला कर दिया। उन पर बम फेंका गया, जिसके धमाके से वे दूर जा गिरे। वे जैसे ही गिरे, दिन के उजाले में शहर के पास के इलाके में बेरहमी से उनकी हत्या कर दी गई।

इस पूरी वारदात के गवाह एक स्थानीय व्यक्ति सुजित् थे, जिनका किसी दल से संबंध नहीं था। पूरी घटना को अपनी आँखों के सामने घटता देख उन्हें दिल का दौरा पड़ गया और मौके पर ही उनकी मौत हो गई।

विनिल वी

बलिदान—3 मई, 2010, त्रिशूर

वाडानपल्ली में भारतीय जनता पार्टी के कार्यकर्ता विनिल पर 3 मई की रात चावक्काड के पास में कम्युनिस्ट गुंडों ने हमला बोलकर उनकी हत्या कर दी।

राजेश

बलिदान—10 अगस्त, 2010, कन्नूर

पानूर में भारतीय जनता पार्टी के कार्यकर्ता राजेश पर हथियारों से लैस सी.पी.आई. (एम) के गुंडों के गैंग ने उस वक्त हमला बोल दिया, जब वे कुन्नूथु परंबु में एक जीप में बैठे थे। गंभीर रूप से घायल राजेश ने अस्पताल में दम तोड़ दिया।

रतीश

बलिदान—2 दिसंबर, 2010, पालक्काड

कंजिक्कोड में राष्ट्रीय स्वयंसेवक संघ के शाखा कार्यवाह रतीश पर उस वक्त सी.पी.आई. (एम) के गुंडों ने हमला किया, जब वे बस से सफर कर रहे थे। गंभीर रूप से घायल रतीश ने बाद में दम तोड़ दिया। यह वारदात कांजिकोड में हुई थी।

मनोज

बलिदान—12 फरवरी, 2012, कोषिक्कोड

पय्योली में भारतीय मजदूर संघ के सचिव मनोज को हथियारों से लैस 20 कम्युनिस्टों के गैंग ने मार डाला। यह बर्बर हमला 12 फरवरी की रात 9.30 बजे पीड़ित के घर पर हुआ, जिसमें कुछ गुंडों ने दरवाजे को घेर रखा था, ताकि मनोज बचकर निकल न सके। अपनी पत्नी और बच्चों के सामने धारदार हथियारों से जख्मी किए गए मनोज ने अगली सुबह दम तोड़ दिया।

शारोण

बलिदान—19 जनवरी, 2012, त्रिशूर

राष्ट्रीय स्वयंसेवक संघ मुल्लासेरी शाखा कार्यवाह शारोण बेहद सक्रिय और जीवंत व्यक्ति थे, जिनकी अपने इलाके पर जबरदस्त पकड़ थी। उनकी हत्या का कोई कारण नहीं था। यह अकारण की गई थी। आधी रात को कम्युनिस्ट गुंडों ने शैरन पर धारदार हथियारों से हमला किया। अगली सुबह अस्पताल में उन्होंने दम तोड़ दिया।

विनुमोन

बलिदान—6 सितंबर, 2013, तिरुवनंतपुरम्

पूजापुरा के थामलम में राष्ट्रीय स्वयंसेवक संघ के कार्यकर्ता वीनूमॉन तमलम जा रहे थे, जब उनका इंतजार कर रहे चार लोगों के गैंग ने उन पर हमला कर दिया। भोथरे हथियारों से लैस उन बदमाशों ने उन्हें पीट-पीटकर मार डाला। वीनूमॉन ने मौके पर ही दम तोड़ दिया।

मुरली मनोहर

चेंगन्नुर में राष्ट्रीय स्वयंसेवक संघ के प्रचारक, मुरली उर्फ नारायण कुट्टी

को अस्सी के दशक की शुरुआत में असम में संगठन की जिम्मेदारी सौंपी गई थी। 1990 में असम में अपने कार्यकाल के दौरान उल्फा के उग्रवादियों ने उन्हें अगवा कर लिया। आज तक उनका कोई पता नहीं चल सका है।

विशाल कुमार

बलिदान—17 जुलाई, 2012, आलप्पुषा

बी.एस-सी. (इलेक्ट्रॉनिक्स) के छात्र चेंगानूर में अखिल भारतीय विद्यार्थी परिषद् के तालुक अध्यक्ष और राष्ट्रीय स्वयंसेवक संघ के नगर शारीरिक शिक्षक प्रमुख विशाल अन्य ए.बी.वी.पी. कार्यकर्ताओं के साथ 16 जुलाई को नए छात्रों का स्वागत करने के लिए चेंगानूर क्रिश्चियन कॉलेज के बाहर खड़े थे। ए.बी.वी.पी. ने कॉलेज के गेट पर सरस्वती पूजा की, जिसमें माता सरस्वती और स्वामी विवेकानंद की तसवीरें लगी थीं।

इसलामी कट्टरपंथियों के गुंडे, एन.डी.एफ. और कैंपस के गुंडे नौ बाइकों पर सवार होकर कॉलेज कैंपस में घुस आए। तलवारों, कराटे के अस्त्रों, एसिड बल्ब आदि से लैस गुंडों ने चिल्लाना शुरू कर दिया, "हम भगवा झंडाधारी कुत्तों को नहीं सह सकते।" उन्होंने ए.बी.वी.पी. के छात्रों पर हमला बोल दिया।

कट्टरपंथियों के नारों को सुनकर ए.बी.वी.पी. कार्यकर्ता विशाल मामला समझने के लिए मौके पर आए। इसलामी गुंडों ने विशाल पर हमला बोल दिया और उनके पेट में छुरा घोंप दिया। विशाल के साथ ही ए.बी.वी.पी. के अन्य कई कार्यकर्ताओं पर भी हमला किया गया। विशाल को कोट्टयम मेडिकल कॉलेज ले जाया गया, जहाँ 17 जुलाई को उन्होंने दम तोड़ दिया।

विनोद कुमार

बलिदान—2 दिसंबर, 2013, कन्नूर

राष्ट्रीय स्वयंसेवक संघ शाखा कार्यवाह विनोद एक मृदुभाषी व्यक्ति थे, जिन्हें सब चाहते थे। पेशे से फोटोग्राफर विनोद स्वयंसेवकों के उस विशाल समूह

में शामिल थे, जो जयकृष्णन मास्टर बलिदान दिवस (केरल में बीजेपी हर साल 1 दिसंबर को जयकृष्णन बलिदान दिवस के रूप में मनाती है) में हिस्सा लेने जा रहा था।

2013 के घटना वाले दिन, जब कन्नूर में वह दिवस मनाया जा रहा था, तब हथियारबंद मार्क्सवादी गुंडों ने उस वाहन को रोका, जिसमें विनोद समेत स्वयंसेवक यात्रा कर रहे थे। घातक हथियारों और देसी बमों से लैस हमलावरों ने मारकाट और खूनखराबा शुरू कर दिया। विनोद की पेरियारम मेडिकल कॉलेज में उसी दिन मौत हो गई। इस घटना में कई स्वयंसेवक गंभीर रूप से घायल हो गए और लंबे समय तक जिंदगी और मौत के बीच झूलते रहे।

अनूप

बलिदान—19 दिसंबर, 2013, कोषिक्कोड

अनूप कुट्टियाड़ी में राष्ट्रीय स्वयंसेवक संघ के शाखा मुख्य शिक्षक थे। वे अवैध रूप से खनन करनेवाले माफिया के खिलाफ विरोध प्रदर्शन का नेतृत्व कर रहे थे, जिसका मकसद पश्चिमी घाटों को बचाना था। एक दिन जब वे माफिया के खिलाफ आंदोलन चला रहे थे, तब सी.पी.आई. (एम) के स्थानीय नेताओं औ स्थानीय कम्युनिस्ट गुंडों ने इलाके में देसी बम से हमला कर आतंक मचा दिया। कई अन्य लोगों के साथ ही अनूप गंभीर रूप से घायल हो गए। उन्होंने उसी दिन दम तोड़ दिया।

सचिन गोपाल

बलिदान—5 सितंबर, 2012, कन्नूर

21 साल के अखिल भारतीय विद्यार्थी परिषद् कार्यकर्ता सचिन पर इसलामी कट्टरपंथियों के छात्र संगठन, कैंपस फ्रंट के कार्यकर्ताओं ने 6 जुलाई, 2012

को कन्नूर जिले के पल्लिक्कुन्नु स्कूल के सामने धारदार हथियारों से हमला किया था। गंभीर रूप से घायल होने के कारण उन्हें अस्पताल में भरती कराया गया। हालाँकि लंबे समय तक संघर्ष के बाद 5 सितंबर को उन्होंने दम तोड़ दिया। सचिन की हत्या ए.बी.वी.पी. के कार्यकर्ताओं की दूसरी हत्या थी, जिसे केरल में इसलामी कट्टरपंथियों ने बहुत कम समय के दौरान अंजाम दिया था।

राजन पिल्लई

बलिदान—1 जून, 2014, कोल्लम

भारतीय जनता पार्टी के कार्यकर्ता राजन प्लापल्ली जंक्शन पर चाय का स्टॉल चलाते थे। उन पर मार्क्सवादी गुंडों ने उस दिन हमला किया, जिसके अगले दिन प्रधानमंत्री नरेंद्र मोदी शपथ लेने वाले थे। राजन का अस्पताल में इलाज चल रहा था, लेकिन एक हफ्ते बाद उन्होंने दम तोड़ दिया।

प्लापल्ली जंक्शन पर नरेंद्र मोदी के शपथ ग्रहण समारोह को लेकर भारतीय जनता पार्टी के झंडे एक कतार में लगे थे। झंडों को राजन के चाय की दुकान से बाँधा गया था। विरोधियों का एक गुट आया और उसने दुकान पर हमला कर झंडों को तहस-नहस कर दिया। उस गुट ने राजन पिल्लई पर आरोप लगाया कि उसने तोड़-फोड़ की शिकायत की है और उससे स्टॉल में लगे बीजेपी के झंडे पर जवाब माँगा और फिर उन्होंने बेरहमी से उस पर हमला कर दिया।

राजन की मौत अंग-भंग हो जाने के कारण हुई। दुर्भाग्य से हमलावरों के गुट में उसके रिश्तेदार भी शामिल थे, जो मौत से कुछ घंटे पहले राजन के बयान से ही साफ हुआ। उसके बयान के मुताबिक हमला करनेवालों में उसके कुछ करीबी रिश्तेदार तथा सी.पी.आई.एम-डी.वाई.एफ.आई. के स्थानीय नेता शामिल थे। हत्या का कारण टी स्टॉल पर बीजेपी के झंडे लगाकर उसके प्रति समर्थन दिखाना था।

सुरेश

बलिदान—27 अगस्त, 2014, कन्नूर

कूत्तुपरंबु में भारतीय मजदूर संघ के कार्यकर्ता सुरेश एक टैक्सी ड्राइवर थे।

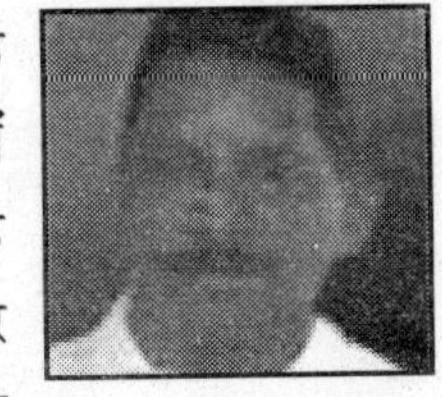

17 अगस्त को सी.पी.एम. के गुंडों ने उन पर प्राणघातक हमला किया। ड्राइव पर ले चलने के बहाने वे कार में सवार हुए और हमला बोल दिया। पाँच हमलावर लोहे के रॉड और तलवारों से लैस थे। सुरेश के सिर पर वार किया गया, जिससे वे बेहोश हो गए। उसके बाद वे कोमा में चले गए, जिससे कभी बाहर नहीं आ सके। उनकी मौत 10 दिन बाद 27 अगस्त को हो गई।

के.के. राजन

बलिदान—14 फरवरी, 2015, कन्नूर

पय्यनूर में भारतीय जनता पार्टी के कार्यकर्ता राजन कुछ बीजेपी कार्यकर्ताओं के साथ जीप से घर लौट रहे थे। ये सभी पय्यनूर बीजेपी जिला समिति द्वारा आयोजित के. टी. जयकृष्णन मास्टर बलिदान दिवस पर जनशक्ति बैठक से लौट रहे थे। यह पय्यनूर के विनोद कुमार की भी पहली पुण्यतिथि थी।

सी.पी.एम. कार्यकर्ताओं ने देर शाम के समय थलीपरंबम के पास अलक्कोड में राजन की जीप समेत अन्य वाहनों पर पत्थरबाजी की। इस हमले में राजन बुरी तरह घायल हो गए, जिन्हें बीजेपी कार्यकर्ताओं ने पेरियारम मेडिकल कॉलेज अस्पताल में भरती कराया, वहाँ पता चला कि उनके सिर में गंभीर चोट लगी है। इस कारण वे आंशिक रूप से लकवाग्रस्त हो गए। तीन महीने बाद 14 फरवरी, 2015 को मौत से जंग लड़ते हुए राजन ने दम तोड़ दिया।

अभिलाष

बलिदान—28 अगस्त, 2015, त्रिशूर

कोडकरा के वसुपुरम में भारतीय जनता पार्टी के बूथ सचिव अभिलाष पर कम्युनिस्ट गुंडों ने ओणम के दिन धारदार हथियारों से हमला कर दिया। उन्हें अस्पताल ले जाया गया, लेकिन उन्हें बचाया नहीं जा सका।

अभिलाष के साथ बीजेपी के ही कार्यकर्ता सतीश भी थे, जिन्हें इस हमले में गंभीर चोट आई थीं।

सुजित्

बलिदान—16 फरवरी, 2016, कन्नूर

राष्ट्रीय स्वयंसेवक संघ कार्यकर्ता सुजित् पापिनिसेरी में आर.एस.एस. के मंडल कार्यवाह रहे थे। दस सशस्त्र मार्क्सवादी गुंडों ने उनकी बेरहमी से हत्या कर दी, जो अरोली आजाद कॉलोनी स्थित उनके घर में घुस आए थे। सुजित् की हत्या धारदार हथियारों से उनके माता-पिता के सामने कर दी गई थी। सुजित् को एकेजी अस्पताल ले जाया गया, लेकिन उनकी मृत्यु हो गई। उनके माता-पिता और भाई भी गंभीर रूप से घायल हुए थे।

कन्नूर पुलिस ने इस कत्ल के बाद एक केस दर्ज किया और किसी भी अप्रिय घटना को रोकने के लिए इलाके में एक बटालियन को भी तैनात किया गया था।

प्रमोद

बलिदान—20 मई, 2016, त्रिशूर

भारतीय जनता पार्टी के कार्यकर्ता प्रमोद की हत्या पिनाराई विजयन के नेतृत्व में एल.डी.एफ. की नई सरकार के गठन के बाद की गई पहली हत्या थी। 33 साल के प्रमोद पर मार्क्सवादी प्रायोजित हिंसा के दौरान घातक हमला किया गया। यह घटना स्थानीय एल.डी.एफ. उम्मीदवार ईटी टाइसन की जीत के बाद कयप्पामंगलम में व्याप्त तनाव के दौरान घटी। मार्क्सवादी दंगाइयों के हमले में वे गंभीर रूप से घायल हुए और 20 मई, 2016 को उन्होंने दम तोड़ दिया।

चश्मदीदों के मुताबिक विजय के जश्न के नाम पर मार्क्सवादी गुंडों

ने बीजेपी कार्यकर्ताओं पर हमला किया था। नाम न छापने की शर्त पर एक चश्मदीद ने बताया कि ''वह गैंग एक टिपर ट्रॉली में आया था और उसने प्रमोद तथा उसके साथ खड़े लोगों को पीटना शुरू कर दिया। प्रमोद के सिर पर ईंट से वार किया गया, जिससे उसके सिर में गहरी चोट लगी।''

एलमतोट्टत्तिल मनोज

बलिदान—1 सितंबर, 2014, कन्नूर

राष्ट्रीय स्वयंसेवक संघ जिला शारीरिक शिक्षण प्रमुख एलमतोट्टत्तिल मनोज उर्फ कथिरूर मनोज ने अपना पूरा जीवन देश सेवा के लिए समर्पित कर दिया था। वे कन्नूर में संघ की गतिविधियों का नेतृत्व कर रहे थे, जिसने कम्युनिस्ट गुंडों को परेशान कर दिया, जो लंबे समय से उन्हें खत्म करने की कोशिश कर रहे थे। लेकिन हर बार उनकी कोशिश नाकाम हो जाती थी। हालाँकि 1 सितंबर, 2014 को वे अपनी नापाक कोशिश में कामयाब हो गए। मनोज पर कथिरूर के पास डायमंड मक्कू में हमला किया गया था, जब वह कार से घर लौट रहे थे। कम्युनिस्ट गुंडों ने उनकी कार पर देसी बम फेंके और दिनदहाड़े चाकू मार कर उनकी हत्या कर दी।

ऐसा कहा जाता है कि उनकी मौत के पीछे कम्युनिस्ट नेतृत्व के द्वारा उच्च स्तर पर षड्यंत्र रचा गया था। वरिष्ठ स्तर के सी.पी.आई. (एम) नेताओं पर उनकी हत्या का आरोप है।

सी.के. रामचंद्रन

बलिदान—11 जुलाई, 2016, कन्नूर

राष्ट्रीय स्वयंसेवक संघ के कार्यकर्ता और भारतीय मजदूर संघ के पदाधिकारी 52 वर्षीय रामचंद्रन ऑटो रिक्शा चलाते थे। वह पय्यनूर शहर के ऑटो रिक्शा संघ में बी.एम.एस. के जाने-माने नेता थे।

रामचंद्रन को मार्क्सवादी गुंडों/असामाजिक तत्त्वों ने कन्नूर के पय्यनूर में बेरहमी से मारा डाला।

विनीश

बलिदान—3 सितंबर, 2016, कन्नूर

राष्ट्रीय स्वयंसेवक संघ के कार्यकर्ता विनीश की हत्या बड़ी संख्या में हथियारों से लैस सी.पी.एम. के गुंडों ने थिल्लनकेरी पंचायत ऑफिस परिसर में शाम 7.30 बजे कर दी थी। ऐसा कहा जाता है कि यह हत्या पार्टी के दिग्गज नेताओं की ओर से की गई मार्क्सवादी साजिश का नतीजा थी। चश्मदीदों के मुताबिक हथियारबंद मार्क्सवादी गुंडे विनीश को अस्पताल ले जाने से रोकने के लिए उसके बेहद करीब खड़े थे और सभी को हथियारों का डर दिखा रहे थे। एक स्थानीय सूत्र ने बताया, ''बुरी तरह लहूलुहान विनीश को अस्पताल पहुँचाने के लिए पुलिस को आना पड़ा। लेकिन तब तक काफी देर हो चुकी थी।''

□

V. Pramod (37)
Thrissur
20 May 2016

C. K. Ramachandran (46)
Kannur
12 July 2016

M. Vineesh (25)
Kannur
03 September 2016

Vishnu (19)
Thiruvananthapuram
07 October 2016

K. Ramith (26)
Kannur
12 October 2016

Anil Kumar (46)
Thiruvananthapuram
18 December 2016

C. Radhakrishnan (44)
Palakkad
06 January 2017

Vimala (45)
Palakkad
16 January 2017

E. Santhosh (52)
Kannur
18 January 2017

Nirmal (20)
Thrissur
12 February 2017

A. Raveendranath (58)
Kollam
18 February 2017

Vishwa Samvada Kendra - Kerala
www.vskkerala.com keralavsk@gmail.com

#EndViolenceCPM

वर्तमान पिन्यारी सरकार में मारे गए बलिदानी

निरंतर ही रही कम्यूनिस्ट हिंसा

विमला (46), कांजी कोड़े के बीजेपी नेता, कन्नन की पत्नी को त्रिशूर जुबिली मिशन मेडिकल कॉलेज में बुधवार को भरती कराया गया था और 70 फीसदी झुलस जाने के कारण उसकी हालत गंभीर थी। सोमवार की सुबह उसने दम तोड़ दिया।

यह घटना 28 दिसंबर, 2016 को पलक्कड़ के कांजी कोडे में घटी, जब मार्क्सवादी गुंडों ने पूर्व पंचायत सदस्य कन्नन के घर को फूँक दिया। घर में आग लगाए जाने से किचन में रखे गैस सिलेंडर में भी आग लग गई, जिसके बाद एक धमाका हुआ। देखते-ही-देखते आग सारे कमरों में फैल गई, जिसने कन्नन की पत्नी को बुरी तरह झुलसा दिया। वह 80 प्रतिशत तक झुलस गई थी और उसे अस्पताल में भरती कराया गया। विमला और कन्नन की हालत गंभीर थी। राधाकृष्ण 60 प्रतिशत तक जल गए थे और 6 जनवरी, 2017 को उनकी मौत हो गई।

इस वारदात में तीन स्थानीय सी.पी.आई. (एम) कार्यकर्ताओं को गिरफ्तार किया गया था और पुलिस ने कहा कि इस मामले में और भी संदिग्धों को गिरफ्तार किया जाएगा।

स्कूल के ऊपर हमला

नित्यानंद भवन अंग्रेजी माध्यम स्कूल, पुथियाथेरू, कन्नूर, केरल। यहाँ मंगलवार की सुबह (3 जनवरी) को सी.पी.एम. का हमला हुआ और कई

लाख रुपए की संपत्ति स्वाहा हो गई। यह दिलचस्प है कि स्कूल में हमला उसके परिसर में आर.एस.एस. की ओर से चली हफ्ते भर की ट्रेनिंग के बाद हुआ। याद रहे कि कन्नूर जिला सचिव, पी. जयराजन ने बार–बार यह आरोप लगाया है कि आर.एस.एस. ने कई स्कूलों का इस्तेमाल हथियारों की ट्रेनिंग के लिए किया है।

उन्होंने इस संबंध में डी.जी.पी. लोकनाथ बेहरा से लिखित शिकायत भी की थी। शरारती तत्त्वों ने स्कूल की इमारत में 130 खिड़कियों के शीशे, पानी की पाइप, शौचालयों और उन 200 कुरसियों को तोड़ डाला, जिन्हें आर.एस.एस. ने अपने कार्यक्रम के लिए किराए पर लिया था। इस बीच आर.एस.एस. प्रांतकार्यवाह, पी. गोपालन कुट्टी ने स्कूल पर हुए हमले की निंदा की और हिंसा के लिए सी.पी.एम. को जिम्मेदार ठहराया।

उन्होंने कहा कि हमलावरों को पी. जयराजन ने उकसाया था, जो लोगों को आर.एस.एस. और बीजेपी के खिलाफ यह कहकर भड़का रहे थे कि वे स्कूलों में आयोजित शिविरों में हथियारों की ट्रेनिंग चलाते हैं। उन्होंने कहा कि सी.पी.एम. के गुंडों ने सिक्यूरिटी गार्ड को चाकू का डर दिखाकर जमकर उत्पात मचाया। ग्राउंड फ्लोर पर सारी खिड़कियों के शीशे तोड़ दिए और किराए पर

ली गई कुर्सियों को धारदार हथियारों से क्षतिग्रस्त कर दिया गया।

कन्नूर में एक और वारदात में सी.पी.एम. के गुंडों ने मुख्यमंत्री पिनारयी विजयन के विधानसभा क्षेत्र, धर्मडम के अंडालूर में भारतीय जनता पार्टी (भाजपा) के एक कार्यकर्ता की चाकू मारकर हत्या कर दी। संतोष (52) पर हमला बीती रात उस वक्त हुआ, जब वह अपने घर पर अकेला था।

एक गैंग ने उसके घर पर धावा बोला और करीब 11.30 बजे धारदार हथियार से उसे काट डाला। हालाँकि, संतोष ने अपने दोस्त को फोन किया और हमले के बारे में बताया, जिसके बाद पुलिस की मदद से उसे अस्पताल पहुँचाया गया, लेकिन उसे बचाया नहीं जा सका और बहुत ज्यादा खून बहने से उसकी मौत हो गई। उसकी पत्नी और बच्चे विस्मया और सारंग हमले के समय घर पर नहीं थे।

संतोष अंडालूर में आर.एस.एस. की शाखा में पूर्व मुख्य शिक्षक और वहाँ का बूथ प्रेसिडेंट भी था।

संतोष 52

संतोष (52) वर्ग 8 की छात्रा विस्मया ने बताया कि वह पुलिस अधिकारी बनकर अपने गाँव की सेवा करना चाहती है और सबको यही बताते हुए बोली,

"मेरे पिता मेरे सपनों को पूरा करना चाहते थे। यह रात मेरे सारे सपनों को तबाह कर गई।

"उनकी बस एक ही गलती थी कि उन्होंने आर.एस.एस. और बीजेपी का समर्थन किया। मुझे अपने भविष्य में सिर्फ अंधकार दिख रहा है। उन्होंने सिर्फ मेरे पिता को नहीं मारा बल्कि मेरे सपनों और भविष्य की भी हत्या कर दी। मुझे सिर्फ अंधकार दिख रहा है, पूर्ण अंधकार। मुझे अब तक (यह जवाब नहीं मिला) कि उन्होंने मेरे पिता को क्यों मारा?"

एक ताजा चौंकाने वाली घटना में डी.वाई.एफ.आई. के गुंडों ने कोईलैंडी के मूडाडी गोखले उ.प्रा. स्कूल में आयोजित आर्ट ऑफ लिविंग कैंप पर जमकर आतंक मचाया। 1 जनवरी, 2017 की सुबह मुख्य रूप से युवाओं को सशक्त बनाने के लिए चल रहे यूथ लीडरशिप ट्रेनिंग प्रोग्राम में हाथापाई शुरू हो गई। कई लोगों के साथ ही एक दलित लड़की को भी अपमानित और घायल कर दिया गया। नौ लोगों के गंभीर रूप से घायल होने के बावजूद पुलिस ने कथित तौर पर मामले को रफा-दफा करने की पूरी कोशिश की।

सी.पी.एम. की आगजनी में घायल बीजेपी कार्यकर्ता की मौत

सी.पी.आई. (एम) कार्यकर्ताओं ने जिस बीजेपी कार्यकर्ता के घर को आग के हवाले किया था, उसने जख्मों से लड़ते हुए, 12 जनवरी, 2017 को त्रिशूर के जुबिली मिशन मेडिकल कॉलेज में दम तोड़ दिया।

यह हमला 28 दिसंबर को पलक्कड़ के कांजीकोड़े में हुआ था। 55 वर्षीय राधाकृष्णन को 60 प्रतिशत झुलसी हालत में अस्पताल ले जाया गया था। उन्हें उनके भाई कन्नन और उनकी पत्नी विमला के साथ भरती कराया गया था, जो इस हमले में झुलस गई थीं।

पिछले सप्ताह तीन सी.पी.आई. (एम) कार्यकर्ताओं को गिरफ्तार किया गया था, जबकि कुछ और अब तक फरार हैं।

कामरेड प्रकाश करात के कन्नूर मॉडल को ध्वस्त करना है

1 सितंबर को आर.एस.एस. कन्नूर के शारीरिक प्रमुख मनोज ने अपने

दोस्त और बीजेपी के कार्यकर्ता को उस मारुति ओमनी के दरवाजे की तरफ धक्का दिया, जिसे वह चला रहा था और चीखे—'नीचे उतरो और भागो।' बम का निशाना बनने के बाद उनकी कार काबू से बाहर हो गई और सड़क के किनारे एक खंभे से टकरा गई। अगले ही कुछ पलों में तलवार और कुल्हाड़ों से लैसे हमलावर गाड़ी की तरफ दौड़े, घायल मनोज को बाहर निकाला और उसे धारदार हथियारों से कई बार गोद डाला। काट डालने वाला आखिरी हमला एक कुल्हाड़ी से किया गया, जिसने उनके सिर को काट कर अलग कर दिया। पुलिस जाँच में आगे चलकर यह भी पता चला कि पहले हमले से बचकर मनोज भाग न जाए, इसलिए दो और गैंग सड़क के किनारे काम तमाम करने का इंतजार कर रहे थे। उस हफ्ते सी.पी.एम. ने मनोज के तौर पर दूसरे संघ कार्यकर्ता की हत्या की थी।

1997 से ही मनोज को तीन बार मारने की कोशिश की थी, हर बार वह बाल-बाल बच गया था। मार्क्सवादी आतंक का केंद्र बने कन्नूर में बीते कुछ

सी.पी.एम. छोड़कर 400 से अधिक कार्यकर्ता बीजेपी में शामिल हुए; उनके स्वागत का एक दृश्य।

दशकों में सैकड़ों लोगों को मौत के घाट उतारा गया है। मरने वालों में शामिल हैं, बीजेपी राज्य युवा मोर्चा उपाध्यक्ष, के.टी. जयकृष्ण मास्टर, बीजेपी कन्नूर जिला सचिव पन्नियान्नूर चंद्रन, तेल्लीचेरी शारीरिक शिक्षा प्रमुख सतीशन, कुथुपरंबू तालुक सहकार्यवाह, पी.पी. मोहनन और अनगिनत अन्य कार्यकर्ता। तेल्लीचेरी के पूर्व आर.एस.एस. शारीरिक प्रमुख, सुमेश और जिला कार्यवाह तथा स्कूल के शिक्षक, सदानंदन उन हजारों लोगों में शामिल हैं, जिनका अंग काट दिया गया। सदानंदन के दोनों पैर घुटने से काट दिए गए थे। घरों को तबाह कर दिया गया और कई लोगों को, जिनमें से अधिकांश स्वयंसेवक हैं, घरों और गाँवों से हमेशा के लिए बाहर कर दिया गया।

'उकसावा' और राजनीतिक हत्या का तर्क

सबसे ताजा हमलों के लिए उकसावा सी.पी.एम. के रैंक में अचानक आई कमी है, जिसने मामूली रिसाव से बाढ़ का रूप ले लिया। सैकड़ों पार्टी कार्यकर्ता, ठीक-ठीक बताएँ तो कन्नूर के गढ़ के 431 कार्यकर्ता 24 अगस्त, 14 को बीजेपी की ओर से आयोजित कार्यक्रम में बीजेपी में शामिल हो गए। हाल के दिनों तक सी.पी.एम. के किसी भी पार्टी गाँव में पार्टी के खिलाफ जाने पर तुरंत बदले की ऐसी कारवाई होती। मनोज खुद भी एक पूर्व सी.पी.एम. कार्यकर्ता था, जो पार्टी को छोड़ संघ में शामिल हो गया था। मनोज को निशाना

बनाकर, सी.पी.एम. नेतृत्व उन लोगों को एक संदेश देना चाहती है जो शायद दल बदलकर बीजेपी में जाने की सोच सकते हैं। मार्क्सवादी चाहते हैं कि बीजेपी भी बदले की कारवाई करे, ताकि दोनों संगठनों के कार्यकर्ताओं के बीच दीवार खड़ी हो जाए, जिससे आपस में बातचीत की गुंजाइश ही न रहे।

ठीक-ठीक बताएँ तो कन्नूर के गढ़ के 431 कार्यकर्ता 24 अगस्त, 2014 को बीजेपी की ओर से आयोजित कार्यक्रम में बीजेपी में शामिल हो गए।

ईश्वर का अपना देश राक्षसों के देश में बदल रहा है : आर.एस.एस. सहसरकार्यवाह दत्तात्रेय होसबोले

आर.एस.एस. सह-सरकार्यवाह दत्तात्रेय होसबोले ने आज कहा कि ईश्वर का अपना देश राक्षसों के देश का रूप ले रहा है। उन्होंने केरल में जारी राजनीतिक हिंसा के मामले में पिछड़ा आयोग और राष्ट्रीय मानवाधिकार आयोग के तत्काल दखल की माँग की है।

आर.एस.एस. सह-सरकार्यवाह ने आर.एस.एस. और बीजेपी कार्यकर्ताओं पर लगातार हो रहे हमलों और नृशंस हत्याओं की निंदा की और राज्य के लोगों से अपील की कि वे वहाँ हो रही राजनीतिक हत्याओं के कारण राष्ट्रपति शासन की माँग करें।

24 अक्तूबर 24, 2016, आर.एस.एस. के अखिल भारतीय सहप्रचार प्रमुख जे. नंदकुमार ने कहा कि केरल में लेफ्ट डमोक्रेटिक फ्रंट की सरकार बनने के बाद केरल में हिंसा में जबरदस्त बढ़ोतरी हुई है। सी.पी.एम. जिन समूहों को अपने खिलाफ मानता है, उनके विरुद्ध असहिष्णुता के कारण की जाने वाली हिंसा से केरल एक उथल-पुथल भरे चरण से गुजर रहा है।

जे. नंदकुमार हैदराबाद में आयोजित आर.एस.एस. राष्ट्रीय सम्मेलन, अखिल भारतीय कार्यकारिणी मंडल बैठक के दूसरे दिन मीडिया को संबोधित कर रहे थे। इस अवसर पर आर.एस.एस. अखिल भारतीय प्रचार प्रमुख, डॉ. मनमोहन वैद्य और एडवोकेट के.के. बलराम भी मौजूद थे।

जे. नंदकुमार की प्रेस से बातचीत संक्षेप में यहाँ प्रस्तुत है—

जहाँ तक सी.पी.एम. का सवाल है, तो पूरे देश में केरल उनके प्रभाव वाला

इकलौता क्षेत्र है। '60 के दशक के दौरान, वे देश पर राज करने के सपने देख रहे थे। 'नेहरू के बाद, ई.एम.एस.!' उनका प्रसिद्ध नारा था। पिछले 6 दशकों से भी अधिक समय में अपने जन-विरोधी रुख, नेताओं की अकड़, असहिष्णुता और नफरत की राजनीति के कारण सी.पी.एम. बंगाल समेत अपना एक-एक गढ़ गँवा चुका है। फिर भी वे केरल में उसी असहिष्णुता के रास्ते पर चल रहे हैं।

1940 के दशक में राष्ट्रीय स्वयंसेवक संघ ने केरल में काम करना शुरू किया। शुरुआत में संघ को लेकर कम्युनिस्ट सोच तिरस्कारपूर्ण थी। वे जोर-शोर से कह रहे थे कि मलयाली सोच संघ की विचारधारा को स्वीकार नहीं करेगी। लेकिन जब उन्होंने देखा कि कम्युनिस्ट गढ़ों में संघ की विचारधारा ने पैठ बनानी शुरू कर दी, तब वे संघ के खिलाफ भी नफरत से भर गए।

साम्यवाद से कम्युनिस्ट पार्टी के जिन कार्यकर्ताओं का मोहभंग हो चुका था, वे आर.एस.एस. में शामिल होने लगे। कम्युनिस्ट पार्टी दावा करती थी कि वह मजदूर वर्ग की आवाज उठाती है, लेकिन वह मजदूर वर्ग को आर.एस.एस. में शामिल होने से नहीं रोक पा रही थी। हमेशा की तरह उन्होंने आर.एस.एस. के बढ़ते प्रभाव को रोकने के लिए ताकत का इस्तेमाल करना शुरू कर दिया।

पहला शिकार बने श्री वड्डिकल रामकृष्णन, जो पेशे से दरजी थे और थालासरी शाखा के मुख्य शिक्षक थे। 28.04.1969 को दिनदहाड़े बड़ी बेरहमी

पिनाराय में रेमीथ के घर के सामने स्वयंसेवक और पुलिस अधिकारी

अपने पिता उत्तमन के करीब रेमीथ के शरीर का अंतिम संस्कार

से उनकी हत्या कर दी गई, जब वह अपनी छोटी सी दरजी की दुकान में काम कर रहे थे। उस मामले के आरोपी नं. 1 और कोई नहीं बल्कि केरल के मौजूदा मुख्यमंत्री, श्री पिनारयी विजयन थे, और आरोपी नं. 2 थे राजू मास्टर, जो सी.पी.आई. (एम) के राज्य सचिव, श्री कोडियेरी बालकृष्णन के ससुर हैं। लेकिन स्थानीय पुलिस की ओर से जाँच में लापरवाही के कारण उन्हें संदेह का लाभ मिला और वे कोर्ट द्वारा बरी कर दिए गए।

लेकिन श्री रामकृष्णन की हत्या संघ की विचारधारा को केरल के कोने-कोने तक फैलने से नहीं रोक सकी। स्वयंसेवक संघ के संदेश को कम्युनिस्ट पार्टी के गढ़ तक ले जाने में भी कामयाब रहे, जिन्हें वे पार्टी विलेज (पार्टी ग्रामम्) कहा करते थे, जहाँ वे दूसरों को काम नहीं करने देते थे। स्वयंसेवकों ने सी.पी.एम. के आतंकवादियों जैसी स्टाइल का पूरे सामर्थ्य से विरोध किया।

1995 में मोहन नाम के तालुका कार्यवाह की हत्या सी.पी.आई. (एम) के कार्यकर्ताओं ने कर दी। उनकी बेटी निवेदिता, जो तब सिर्फ 2 साल की थी, अब उसकी शादी एक आर.एस.एस. कार्यकर्ता से हो चुकी है। हाल ही में सी.पी.आई. (एम) कार्यकर्ताओं द्वारा निवेदिता के घर में लूटपाट की गई और उसे तबाह कर दिया गया। उन्होंने उसकी गरदन पर चाकू रखकर धमकी दी और कहा कि उसका और उसके पति का वही हाल होगा जो उसके पिता का हुआ था। यह सब पुलिस की मौजूदगी में हुआ।

मौजूदा एल.डी.एफ. सरकार की ओर से सत्ता में आने के बाद से हालात बेहद गंभीर हो गए हैं, जिसका नेतृत्व कोई और नहीं, श्री पिनारयी विजयन कर रहे हैं, जो ऊपर बताए गए हत्या के मामले में पहले आरोपी थे। श्री सी.के. रामचंद्रन, जो एक बी.एम.एस. पदाधिकारी थे और कन्नूर के पय्यानूर में ऑटो चलाते थे, उनकी हत्या उनके ही घर के अंदर उनकी पत्नी और बच्चों के सामने 11.07.2016 को कर दी गई। 03.09.2016 को कन्नूर के थिल्लनकेरी पंचायत के स्वयंसेवक, श्री विनीश की हत्या काम की जगह से घर जाने के रास्ते में कर दी गई। हाल ही में मौजूदा मुख्यमंत्री के विधानसभा क्षेत्र, पिनारयी के श्री रेमिथ उतमन की हत्या बड़ी बेरहमी से 12.10.2016 को दिनदहाड़े कर दी गई, जब वह अपनी गर्भवती बहन के लिए दवा खरीदने जा रहे थे। यह जान लें कि

रेमिथ के पिता, चावासेरी के श्री उथमन एक स्वयंसेवक और बस ड्राइवर थे। उनकी भी हत्या सी.पी.आई. (एम) ने 22.02.2002 को उनकी बस के अंदर कर दी थी। अब स्वर्गीय श्री उथमन के परिवार में कोई पुरुष सदस्य नहीं है। कन्नूर जिले में सी.पी.आई. (एम) की क्रूरता का यह सबसे बड़ा उदाहरण है। इस तरह की अनेक घटनाएँ गिनाई जा सकती हैं।

सी.पी.एम. के गुंडे न केवल बीजेपी और आर.एस.एस. बल्कि अन्य राजनीतिक दलों के खिलाफ भी अपनी असहिष्णुता दिखा रहे हैं। इस तरह के अनेक उदाहरण हैं, जिनमें सीपीएम ने लगभग सभी गैर–सी.पी.एम. दलों के खिलाफ खुलकर हिंसा की है। लोगों, आर.एस.एस./बीजेपी के लोगों, संपत्तियों और कार्यकर्ताओं की गाड़ियों पर कई बार बम से हमले किए गए। यहाँ तक कि महिलाओं, बच्चों और पालतू जानवरों को भी नहीं बख्शा। फसलों, गाड़ियों, घरों, स्कूल की इमारतों पर भी हमले हुए और उन्हें तबाह कर दिया।

केरल की मौजूदा स्थिति पर टिप्पणी करते हुए पुलिस महानिरीक्षक ने चिंता जताने के साथ ही सी.पी.आई. (एम) कार्यकर्ताओं के उग्रवाद से निपटने में पुलिस की लाचारी जाहिर की।

□

उपसंहार

केरल ने हमेशा ही अपना प्रचार धर्मनिरपेक्ष उसूलों वाले शांतिपूर्ण राज्य के रूप में किया है। यह राज्य बड़े गर्व से दावा करता है कि यहाँ सभी धर्मों के लोग मिल-जुलकर रहते हैं और किसी प्रकार का दंगा-फसाद नहीं होता है। लेकिन सच्चाई इससे कोसों दूर है। शांति के इस मुखौटे के पीछे केरल में राजनीतिक हिंसा और विनाश का कड़वा सच छिपा है। 'फाइनेंशियल एक्सप्रेस' में छपी एक रिपोर्ट के मुताबिक केरल में किसी भी अन्य राज्य की तुलना में ज्यादा राजनीतिक दंगे हुए, जो पूरे भारत में दर्ज मामलों के आधे से भी अधिक थे। साल 2015 में केरल में देश के प्रति दस लाख की आबादी पर दंगे के 164 मामले दर्ज किए गए, जो देश में सबसे ज्यादा थे। इसके बाद बिहार (129) और कर्नाटक (126) का नंबर था। राष्ट्रीय आपराधिक रिकॉर्ड ब्यूरो (एन.सी.आर.बी.) के आँकड़े बताते हैं कि 2015 में राजनीतिक या छात्रों से जुड़े दंगों की बात करें तो केरल बड़े और अधिक आबादी वाले राज्यों से भी आगे निकल गया था। कॉलेजों के छात्र, जिनमें से कई के राजनीतिक तौर पर संबंध हैं, आए दिन पुलिस बल और आपस में प्रमुख सार्वजनिक स्थानों पर झड़प में शामिल देखे जा सकते हैं।

भारत चौथा दुनिया का आतंकवाद से सबसे बुरी तरह प्रभावित देश है और माओवादी आज भी भारतीय राज्य के लिए सबसे बड़ा खतरा हैं। अमेरिकी विदेश विभाग के साथ अनुबंध के तहत आतंकवाद और आतंकवाद पर प्रतिक्रिया को लेकर राष्ट्रीय कंसोर्टियम के अध्ययन के लिए जुटाए गए आँकड़े बताते हैं कि तालिबान, इसलामी स्टेट और बोको हरम दुनिया के तीन सबसे खूँखार आतंकवादी समूह हैं। इनके बाद सी.पी.आई. (माओवादी) का नंबर आता है, जो एक प्रतिबंधित संगठन है। इस रिपोर्ट ने कहा कि हमारे देश में होनेवाले हमलों में शामिल अपराधियों/आतंकवादी समूहों में भारी विविधता है। देश भर में ऐसे 45 संगठन सक्रिय हैं। भारत में पिछले साल होनेवाले आतंकवादी हमलों में से 43 प्रतिशत हमले नक्सलियों ने किए।

केरल में राजनीतिक हत्याओं पर इस चर्चा में क्यों आवश्यक हो गया कि सी.पी.आई. (माओवादी) की बात हो और क्यों ऊपर के झकझोर देने वाले आँकड़े रखे जाएँ। असल में इनके बीच एक जबरदस्त गठजोड़ है, क्योंकि केरल में सत्ता पर काबिज कम्युनिस्ट पार्टी के वैचारिक गुरु यही लोग हैं। भले ही वे इससे अपने आप को अलग दिखाते हों। पूरी दुनिया में कम्युनिस्ट बस एक ही विचारधारा में यकीन करते हैं, सत्ता चाहिए, उसका जरिया कुछ भी हो। दुनिया भर में कम्युनिस्ट शासनों के तहत लगभग 100 मिलयन से भी अधिक लोगों की हत्या की जा चुकी है। भारत में आँकड़ों पर नजर डालें तो 1997 में, बुद्धदेव भट्टाचार्य ने एक प्रश्न के उत्तर में विधानसभा में खुलकर कहा कि 1977 (जब वे सत्ता में आए) से लेकर 1996 के बीच 28,000 राजनीतिक हत्याएँ की गईं। यह बयान कितना बड़ा था, इसका पता हमें तब चलता है, जब हम देखते हैं कि हर महीने औसत रूप से 125.7 हत्याओं को अंजाम दिया गया। इसका मतलब यह हुआ कि हर दिन चार लोग मारे जा रहे थे। यदि यही सवाल आज केरल की विधानसभा में किया जाए, तो वहाँ भी आँकड़े हजारों में चले जाएँगे।

शिक्षाविद्, वामपंथी और तथाकथित धर्मनिरपेक्ष लोग केरल के विकास मॉडल पर बड़ी-बड़ी बातें करते हैं, लेकिन जनता इस बात से अनजान है कि इस विकास की कीमत क्या है। 1957 में जब कम्युनिस्ट चुनाव जीतकर पहली बार केरल की सत्ता में आए, तो वे राजनीतिक हत्याओं से विरोधियों को कुचलने की विचारधारा भी साथ ले आए। इस तरह की 'माफिया किलिंग' केरल में बीते छह दशकों से जारी है। चाहे वे सत्ता में हों या नहीं, उनकी विचारधारा का विरोध करनेवालों का कत्लेआम होता रहा है। अपने राजनीतिक हितों को साधने के लिए कम्युनिस्ट पार्टी हिंसा के रास्ते पर चलती रही है। हत्या उनके हाथों में एक राजनीतिक हथियार है।

कम्युनिस्टों की ओर से किए गए बेइंतहा अत्याचारों को दस्तावेज में ढालने की यह पूरी कवायद बस एक शुरुआत है। इस तानाशाही के खिलाफ संघर्ष करते हुए केरल के सैकड़ों युवा राष्ट्रवादियों ने अपना बलिदान दिया है। हमें इस सच्चाई से आम जनता का सामना कराने पर पूरा जोर लगाना होगा और उस लिहाज से यह एक शुरुआत भर है।

□□□